編集部まえがき

本書は、新渡戸稲造（一八六二〜一九三三）の代表的著作『修養』の後半部分を分かりやすく現代語訳したものである。

『修養』は、一九一一年、実業之日本社から出版され、その後、約二〇年間で一四八版も重ねる大ベストセラーになった。戦前の日本において、青年たちに最も感化を与えた歴史的名著と言ってもよい。

新渡戸稲造

修養というと、今では古くさく聞こえるかもしれないが、「人格を高める」「品性を磨く」という意味であり、そのための方法を説いたさまざまな思想は、私たちに、人間としての生き方、つまり「人間学」を教えてくれる。

では、新渡戸稲造の『修養』は、どのような生き方を教えてくれるのだろうか。後半部分を収録した本書では、逆境にあっても動じず、順境にあっても慢心せず、志に向かって坦々と歩み続けるための生き方が主に説かれている。何事かを成し遂げたいと思っている方には、参考になることが多いに違いない。

なお、『修養』の前半部分（新・教養の大陸シリーズ『自分に克つための習慣』として刊行）には、「志をどう立てるか」「どうすれば弱き心に打ち克ち、努力を継続できるのか」ということが主に書かれている。前半と後半とではテーマが異なるので、後半から先に読まれてもまったく問題ないが、併せてお読みになることをお勧めしたい。

本書の編集にあたり、原著での記述で重複する箇所は整理し、時代にそぐわない箇所は割愛した。現代の読者が読みやすいよう、一部言葉遣いを改めている。

「教養の大陸」編集部

不動の自分になるための習慣　目次

第一章　逆境をプラスに転じる方法

①逆境とは何か

②逆境にいる人が注意すべき点

③ 逆境に対処するには

④ 逆境を善用する

第二章　順境に乗じる秘訣

①順境とは何か

②順境にいる人が注意すべき点

③ 順境に対処するには

第三章 どんな道を歩むべきか

第四章　黙思のすすめ

①黙思とは何か

②黙思の方法

第五章　休養の活用

第六章　計画を立てよう

第一章

逆境をプラスに転じる方法

① 逆境とは何か

人生は思い通りにならない

世の中でうまく立ち回って順境で得意になり、得手《えて》に帆を揚げて（注1）行く者がいれば、世間の人の多くはその人を褒《ほ》め、その幸福を羨《うらや》む。だが、当人に尋ねると、必ずしもそうではない。胸中を察すると、どれほど辛く苦しいことが多いか。

試しに、天下に名をなしている人の内情を覗《のぞ》いてみると、「喬木《きょうぼく》風多し」（高い木は風当たりが強い）の諺《ことわざ》のように、嫉妬《しっと》の声が四方から聞こえる。すなわち、その人がなすところの大事・小事に対して非難を加え、これを倒そうとする人がたくさんいる。

また、天下にあまり名が聞こえない人であっても、人に隠れて密かに善事を行おうとして、その望みを遂げられないことが決して少なくない。せっかく人に隠れて密かに行おうとしても、新聞がそれを書き立てる。もちろん、褒めるつもりで好意から書くのであろうが、そのために、その人は思わぬ攻撃を受け、仕事を妨げられることがある。また、隠していることを明らかにされるために、迷惑を受ける人もいる。

身分によって多少程度の差はあろうが、この世はままならないものである。

神経過敏な人は、こうした世の中をうるさく感じ、むしろ一生を幸福で平和に過ごすことに努める。こういう人は、世の塵《ちり》を避け、じっと山の中にいて世を離れる以外になくなってしまう。ある人が、

世の中に手足を出さず物事に
　頭をかくす亀は万年

と言ったようにならなければならない。

しかし、いやしくも、この世に生まれて来た甲斐《かい》として、何か事をなそうとすれば、必ず思い通りにならないことが起こり、その境遇が意志の貫徹を許さない。世間の人が「逆境」と言う場合、その多くは、この意味に用いるのではないだろうか。もし、これが逆境であるとすれば、逆境というのは、世間の人すべてが逃《のが》れられないぐらい多くあるであろう。

佐藤一斎翁《いっさいおう》の『言志四録《げんししろく》』には、「人の一生には順境あり。逆境あり。消長《しょうちょう》の数《すう》、怪しむべき者なし。余又《よまた》自ら検するに、順中の逆あり、逆中の順あり。宜しくその逆に処して、敢て易心《いしん》を生ぜず、その順に居りて、敢て惰心《だしん》を作《おこ》さざるべし。惟《ただ》一の敬《けい》の字、以《もっ》て順逆を貫けば可なり〈人の一生には順境もあれば、逆境もある。これは栄枯盛衰の理法であり、怪しむに当たらない。私が自ら調べてみると、順境の中にも逆境があり、逆境の中にも順境がある。ゆえに、逆境に処しては自暴自棄にならず、順境にあっては怠け心を起こしてはならない。ただ、敬〈人を敬うという意味〉の一字をもって、順境・逆境を貫けばよい〉」とある。

〈注1〉「得意なことを調子に乗って行う」という意味。

順境にいる人も、陰では苦労している

そもそも、人は、自分に不足しているものを、他人が多く持っているのを見ると、羨ましく感じ、不平不満を起こすものである。しかし、自分に不足しているものは、それほどに羨むべきものであろうか。

たとえば、金銭にしても、貧乏人は三井〈三井グループの創業家〉や岩崎〈三《みつ》菱《びし》グループの創業家〉のような富豪を見ると、「ああ、あの人たちは幸福だなあ」と羨ましく思う。しかし、富豪その人に聞くと、おそらく、金が多いことを不便とすることもあるであろう。

学問のない人は、学問のある人を見ると、「あの人は何もかも分かり抜いて、さぞ楽しみであろう」と羨むが、その人の心情を見ると、『ファウスト』〔ゲーテの代表的詩劇〕にあるように、かえって反対であるらしい。というのも、学者は常に、我々以上に、解決できないことのために頭を悩ますからである。古人は「人生、字を識《し》るは憂患《ゆうかん》の始めなり」（注2）とさえ嘆いている。

また、醜婦《しゅうふ》が美人を見たら、「ああ、自分もあのくらい美しかったなら」と嘆息することもあろうが、美人には、醜婦が思い及ばないような煩わしいことがたくさんあるであろう。

位の高い人を見ると、その栄華が羨ましくなるが、山の頂から見れば、やはり麓《ふもと》のみすぼらしい家のほうが住みやすいと感じるように、当人は、かえって位が高いために、言い知れぬ辛苦に胸を痛めていることがあろう。

また、名声が一代にして轟《とどろ》き、世間の注目を一身に集めても、あれこれと義理に絡まれ、ついには南洲《なんしゅう》〔西郷隆盛《たかもり》〕翁のように終わりを全うできない人もいる。

最近では、故・伊藤〔博文《ひろぶみ》〕公爵のように非業の死を遂げることさえある。

ある人の歌に、次のように詠われている。

咲かざれば桜を人の折らましや
桜の仇《あだ》は桜なりけり

〔咲かなかったら、人は桜の枝を折るだろうか。桜の敵は桜自身である〕

他人は羨ましいと思うことでも、その人には苦痛であることが多い。ゆえに、いかなる人にも、必ずそれぞれに応じた逆境がある。外からは得意らしく見えても、心の中では泣いていることが多い。

（注2）中国、北宋時代の政治家、詩人である蘇軾《そしょく》の言葉。

逆境の連続だったリンカンの生涯

アメリカのリンカンは一代の偉人であった。殺されたときには、全国民から深く厚い哀惜《あいせき》の情を受けた。しかし、考えれば、氏もまた確かに不幸な人であった。生まれた家は非常に貧しい家で、身を覆う衣もなく、足に履く靴さえもなかった。かつ、家は人里から遠く離れ、教育を受ける便宜もなければ、書物を得ることも不自由であった。現にワシントンの伝記を借りるために、数里先〔1里＝約4㎞〕までも行ったというくらいである。したがって、知らない言葉があっても、それを調べる辞書もなく、質問する先輩もいなかった。しかも、年少にして早く母を失い、継母に養われた。

これらの事情の下で育った氏は、普通の人から見れば、確かに逆境の人であったと言わなければならない。

リンカンの伝記によると、継母はよくリンカンをかわいがり、リンカンもまた心より継母を尊敬していたという。なるほど、継母も善人であったろう。しかし、リンカンが凡夫であれば、たとえ継母がどれほど親切を尽くしても、それをひがんで解釈し、好意を無にしたであろう。僕は、リンカンであればこそ、継母と子の関係を円満にし、母の徳を上げたのであると思う。

「逆境、逆境」と言って、逆境にいてその境遇を利用することを考えない者が多い。「赤貧であるために、せっかく立てた志を伸ばすことができない」とか「教育してくれる人がいない」とか何とか言って、境遇の不幸を訴える者が多い。

ところが、リンカンはこの境遇を切り抜けた。しかも、ゆったりとして、こせこせしない大人物になった。これは、もとより、天分において優れた点があったからであろうが、一つには、逆境に対する修養の覚悟があったためであろうと思う。

氏は大統領になり、時の人となったこともあったが、決して、万事が氏の思い通りになったわけではない。内閣を組織したときも、氏に従わない者は、閣員中、一人や二人だけではなかった。スワード氏〔国務長官〕は学問もあり家柄もよく、当時、名望が盛んな人であったが、彼は氏に反対していた。また、陸軍長官スタントンは傲慢《ごうまん》無礼な人物で、南北戦争中、戦報が到着してもリンカンに秘密にして、自分で命令を発していたくらいである。

このように、リンカンは、歴史上には大統領となり、順境に立ったらしく見えるが、氏のような人は、実に逆境に始まり、逆境の中で働き、逆境に終わった人と言ってもよかろう。

とはいえ、彼がホワイトハウスにあって世界の注目を集めていたとき、最大の共和国の統治者としての彼の姿を見、あるいは、彼に直接会っておどけ話を聞いた者は、決して、英雄の心中にある憂慮を察することはできなかったであろう。

水戸黄門が引退して太田村〔茨城県常陸太田《ひたちおおた》市〕で、春は花、秋は月、冬は雪と楽しんでいる様子を見て、それを羨んだ者があったとき、公は筆を執って傍らの紙にスラスラと、次のように書かれたという。

見ればただなんの苦もなき水鳥の

足に暇《ひま》なき我が思いかな

得意らしく幸福らしく見える人であっても、その裏面では、逆境や不幸を味わっているものである。

逆境には二種類ある

以上、僕は「逆境はすべての人にある。得意そうに見える人にも、大統領という尊い立場にいる人にも、必ず自分の思い通りにならないことがある」と説いた。この自分の思い通りにならないこと、換言すれば、災いには二種類あると思う。いわゆる「天が授けるもの」と「自らがつくるもの」とが、それである。

吉兆《きっちょう》、禍福《かふく》、貧富、生死等には、自ら招くものと、おのずからやってくるものとがある。前者はいわゆる「自業自得」、後者は「運命」などと呼ばれる。もっとも、自業自得と呼ぶ中にも、運命的な部分が少なからず含まれているし、運命と呼ぶ中にも、自身の責任に帰する部分が少なくない。

「神の行為」（act of God）とか「やむをえない事件」「自然の災い」とかは、自分でつくったものではなく、外部から来る不幸である。そして、「父母兄弟が病気に罹《かか》った」とか「死んだ」とか「自分が怪我をした」とか「火災で財産をすべて焼失した」とかいう災いのために逆境に陥るのは、何人《なんぴと》も経験することである。

すると、「自分はこれほど努力しているのに、このような境遇に陥るのはなにゆえか。天道是《てんどうぜ》か非か（天ははたして正しいのか）」とか、「前世の約束などと説く人もいるが、前世の罪を自覚していないのに、単に罰だけ受けるとは何事だ」とかいうように、いわゆる天帝の摂理を疑う者もいる。

このように、思いもよらない出来事によって、急に根本的変化を心の中に引き起こす人も多々いる。僕はそんな場合を目撃したことがある。

しかし、この二種類の災いのうち、いずれの災いが人生において最も多いかと言えば、自らつくるもののほうがはるかに多い。世間の人は、逆境の原因をよく考えないから、天を恨み、他人を恨むのである。

人間は浅はかなもので、自分でしたことでも、不首尾《ふしゅび》になると、とかく他人になすりつけたがる。

たとえば、人から食事に招かれて、帰ってから風邪を引くと、「食事に呼ばれ、冬の夜風に遭い、風邪に罹った」と思い、自分の注意が足りなかったことを考えない。あるいは、自分の欲情を制し切れないときは、「これは遺伝の罪である。親が悪い。祖先の罪である」と言いたくなる。

このように、罪を他人に転嫁しようとするのは知恵が少ないためであり、知恵が少なければ少ないほど、ますます他人に罪を転嫁しようとすることが多くなる。

ところが、他人または天から来たと思う災いも、虚心坦懐《きょしんたんかい》に考えれば、たいていは自分から起こったものであることが分かる。

「逆境」と思い込んでいるだけのこともある

また、積極的に災いにならなくとも、想像から描き出した逆境もある。すなわち、「自分は、自分の真価にふさわしい待遇を受けていない」と考えて、不足を感じ、自ら逆境をつくり出すことが多い。

僕は今に至り、あえて恨むわけではないが、妙な経験を持っている。

十数年前のことであった。北海道から二人の学生が僕を訪ねて東京へ来たことがある。一人は北海道、一人は僕の郷里の人である。僕は一日かけて二人を浅草その他、東京の名所に案内した。

その後、二人は帰郷し、北海道の学生は非常に感謝して、「あんなに忙しい身分でありながら、よくも自分のために一日を潰《つぶ》してくれた。車代もかかったであろう。昼食も安くはなかったであろう」と、心から満足したらしい。これに反し、同郷の学生は非常に不満足であったという。その理由は、はるばる東京に行ったのに、たった一日しか案内されず、広い東京をのろのろした車に乗せられ、昼食も、うなぎ飯ぐらいで追い払われ、あまりに冷遇であったというのである。

僕は、この学生に何らの義理も負ってはいない。彼は僕に対して要求するところが多く、数日間、馬車を乗り回して東京中の案内を受け、精養軒《せいようけん》か八百善《やおぜん》あたりでご馳走《ちそう》になることを期待していたのであろう。しかし、僕にはそのような義務はなく、彼にもそのような要求をする権利はない。彼はそのことに気づかなかったのである。

これは、一人この学生に限ったことではない。この学生と五十歩百歩の人が多い。「私はこれほど努力しているのに、なぜ社会は私をこうまで虐待するのか。なぜ社会は私を受け入れないのか」というような言葉は、僕がたびたび聞くところである。諸君もきっと同じ言葉を聞かれるであろう。

しかし、社会は決して人を虐待しない。虐待されるのに値する自分になっているだけである。

もっとも、稀《まれ》にはこの点に気づける人もいて、「自分には少し悪い癖がある。酒を飲んで乱暴して人に迷惑をかけたり、銭勘定《ぜにかんじょう》が分からないために信用を落としたり、妙な遺伝があって婦人に対して過ちをしたりすることがある」というように、自分の弱点を知っている者もいる。

ただし、弱点を知っているから、それを矯正するかというと、そこまで至らない。むしろ、その弁解として、「人間はそもそも不完全である。少しくらい不完全なことがあっても、社会はまさにこれを許すべきであると信じる。それが許されないなら、社会はあまりに無情である」と言って、罪を社会に転嫁しようとする。思えば、人間は卑怯《ひきょう》なものである。

自分が悪かったと知ったのなら、なぜ、潔く自ら罪を負わないのであろう。自分の弱点のために社会が用いてくれないのなら、なぜ、自らを省みて改めないのであろう。

自分で逆境をつくりながら、他人のせいで逆境に陥ったかのように捉え、社会を恨む人が多いことを想うと、僕ははなはだ遺憾に感じる。

②逆境にいる人が注意すべき点

「禍福はあざなえる縄のごとし」

昔、塞上《さいじょう》の翁《おきな》〔砦《とりで》の近くに住む老人〕が馬を失ったとき、隣人が「馬が逃げて、お気の毒です」と慰めの言葉を述べたが、翁は決して悲しまなかった。数カ月後、この馬が偶然、駿馬《しゅんめ》〔速く走る優れた馬〕を連れて帰ってきた。今度は隣人が「なくしたと思った馬が駿馬を連れてきて、誠におめでたいことでした」と喜びを述べたが、翁は少しも嬉しそうな顔をしなかった。

馬乗りが好きな翁の子が、この駿馬を走らせて遊んでいたが、ある日、誤って馬から落ちて背中を打ち、不具になってしまった。「お気の毒なことをしました」と近所の人はまた不幸を悲しんだが、翁は、このときも、少しも悲しむ様子はなかった。

その後、隣国と争いが起こり、敵兵が襲来したので、政府は成人男子を選んで兵となし、防御に努めたが、戦いは激しく、出征した兵士は一〇分の九も戦死した。このとき、翁の子のみは、駿馬のために不具になっていたので徴兵の義務を免れ、父母の元で安全な生活を送っていたという。

これは、古来広く言い伝えられている、いわゆる「人間《にんげん》万事《ばんじ》塞翁《さいおう》が馬《うま》」の話（注3）であるが、人間社会のことはすべて、かくのごとくである。辛いと思ったことも楽となり、災いと見えたことも福となる。「禍福はあざなえる縄のごとし」（注4）で、常に互いに回転しているようである。

『菜根譚《さいこんたん》』〔洪自誠《こうじせい》著〕には、「子生まれて母危《あやう》く、鏹《きょう》積《つ》んで盗《とう》窺《うかが》う、何の喜びか憂いにあらざらん。貧は以て用を節すべく、病は以て身を保つべし、何の憂いか喜びにあらざらん。故に達人は、まさに順逆一視して、欣戚《きんせき》両《ふた》つながら忘るべし〔子供が生まれるとき、母の命は危うくなり、お金が貯まると、泥棒に狙われるようになる。どんな喜びであっても、憂いの種子にならないものはない。貧しいと用心して節約し、病気になると体を大切にする。どんな憂いであっても、喜びの種子にならないものはない。ゆえに、達人は順境と逆境を同一視して、喜びも憂いも忘れてしまう〕」とある。

道に達した人は、順境も逆境も同一視し、喜びも憂いも二つとも忘れて、それ以上に超越し、天命を楽しみ、それに安んじている。それに対し、一般の人は、逆境に陥ると、常に「逆境、逆境」と言って、ただ悲しみ、恨んでいる。

しかし、喜びも憂いとなり、憂いも喜びとなる。もし、逆境をそのように善用できれば、大いなる修養の材料となり、かつ、順境に達する手段となる。

（注3）中国、漢の時代、淮南王《わいなんおう》が学者に編纂させた書『淮南子《えなんじ》』に出てくる話。

（注4）「幸不幸は、より合わせた縄のように交互にやってくる」という意味。中国、漢の時代の歴史家・司馬遷《しばせん》の『史記』に出てくる言葉。

注意点①――ヤケになりやすい

ただし、注意すべきは、「逆境に陥った人は、精神上、さまざまな影響を受けることを避けられない」ということである。これは、逆境にある人が最も注意し、警戒しなければならないことである。

逆境に陥った人は、すぐに逆境そのものを悲しみ、恨み、「自分はこれほどまでに努力しているのに、こんな災いを受けて逆境に陥った。これでは努力する甲斐がまったくない」と憂えて、逆境を切り抜けることを考えずに、かえってヤケになる。そうして堕落する者が、世間にはたくさんいる。

人間がせっかく立てた志を遂げず、ついには堕落して一生を不幸に過ごすようになる理由はいろいろあるが、一時の困難のためにヤケになり、それを切り抜ける勇気と知識を欠くために、そうなる者が極めて多い。大部分の人は、ほとんどこれによると言ってもよいくらいである。

人は逆境に陥ると、とかく冷静に考えないで前後を忘却し、ただ「困る、困る」と言ってヤケになる。なかには、これを「勇み肌（弱い者を助け、強い者を挫《くじ》く気風）」とか何とか言って喜んでいる者もいるが、僕は、人物の高さが低いために前方が見えないのであると信じる。

少し爪先立って前方を眺めれば、その人が生きている間に、一条の光明が前途に輝き、希望の光が見えるものである。それなのに、思慮の足りない人は、一時の暗黒に迷わされ、すぐに「前途はどこまでも闇なり」と速断し、遠く前方に輝く光を見損ない、希望を認めることができないで、ヤケになることが多い。

首を伸ばして先を見よう

この場合、一歩退いて、「はて、この先は……」と考えたならば、前途が少しは見え、光も、望みも認めることができるであろう。そして、逆境からヤケになる者が、今日《こんにち》よりもはるかに減少すると思う。僕は、逆境にある人に対して、目の前のことに眩《くら》まされず、もう少し爪先立ちして前方を望むことを切に勧める。

僕は、かつて後藤〔新平〕男爵〔明治時代の政治家・医師〕から、こういう話を聞いた。男爵が、ある日、勝海舟を訪ねたとき、翁は「君は、医学生なら首の筋肉作用ぐらいは知っているだろうね。ろくに知らねえ奴が多いよ。首を横や縦に動かすことは知っているがね。何か事が起こったときに、ちょいっと首を伸ばして、向かう先を見通すことのできねえ者が多い」と言われたという。

まさにその通りで、何か事にあたると、とかく混迷・狼狽《ろうばい》して、「はて、この先は……」と鶴首《かくしゅ》〔鶴のように首を長く伸ばすこと〕することはなかなか難しい。

努力する者は必ず認められる

また、逆境にある人は、よく「世は無情である。倒れかかった人を、みなの力で倒して踏みにじる」と言う。僕も、そう思ったことがないわけではない。いわゆる「一犬虚《いっけんきょ》に吠ゆれば万犬《ばんけん》実を伝う」（注5）と言うように、一人が悪口を言うと、万人がそれを伝え、四面楚歌《しめんそか》の声となる。そして、その対象となった人は、いかにも浮かぶ瀬〔逆境から抜け出す機会〕がないように思われ、「こんなに辛くては生きている甲斐がない」と思うこともある。

しかし、僕は、「世は無情」というのは、決して真理の全面を言い表したものではないと思う。もっとも、この言葉の中には真理も含まれているであろうが、それは四割ほどで、六割はやはり「友情の世」であると信じる。

ゆえに、逆境に陥りながらも、全力を振るって努力する者は、いずれ逆境から浮かび上がると思う。重荷を負って、なおかつこれを忍ぶ者は、必ずどこかで世に認められる。即座に認める者がいなくとも、いつか必ず認められる。生きている間に認められる機会がなければ、死後、必ず認められ、救い上げられ、人によっては神にも増して崇《あが》められる。

ソクラテスが獄にあって毒を仰いだとき、その遺骸《いがい》に取りつき、悲嘆の涙にくれた者は少数の門弟にすぎなかった。その周囲にいたのは、ソクラテスに対して何らの同情を寄せない人々のみであった。同情を寄せなかったのみならず、彼らは反対に、「彼は今まで大きな顔をして、人に道を教えると言っていたが、この死に様は何だ」と口々に罵《ののし》りながら、手を打ってその死を笑った。このときのソクラテスは、まさに四面楚歌の声で囲まれていたのである。

ところが、死刑の翌日になると、人々はみなソクラテスの徳を認め、「惜しい聖人を失った」と言って、国を挙げてその死を悼《いた》み、その徳を挙げ、彼を神として祀《まつ》らんばかりに騒ぎ、死刑の宣告を下した裁判官や、証人を反逆者のように言い合ったではないか。

なかには、「死んだ後のことは分からないから、生きている間に相当の報いを得たい」と論じる人もいる。僕は、こうした人に慰めの言葉を与える力がないことを惜しむ。

僕は、たいていの善行は、生きている間に善果を結ぶと思うが、僕の言う意味は、「どんなに遅くとも、必ず善果を結ぶ」ということである。世間の人の目が醒《さ》めるのに、どのくらいかかるかは知らないが、「善事には必ず相当の報いがある」と、僕は断言して憚《はばか》らない。シラー〔ドイツの詩人〕は「世界の歴史は世界の審判なり」と言ったが、真にそうである。これを思えば、どれほど苦しいことがあったとしても、ヤケになるのは浅はかの極みであることが分かる。

苦しみに耐えれば、必ずその報いは来る。「悲しむ者は幸いなり」という教訓さえある。苦しみはいつまでも続くものではない。

ゆえに、逆境にある人は、常に「もう少しだ、もう少しだ」と思って進むがよい。いずれの日か、必ず前途に光明を望む。

（注5）「一人が虚言を言うと、多くの人々がそれを真実として伝えてしまう」ということの譬《たと》え。中国、漢の時代の儒者・王符《おうふ》の『潜夫論《せんぷろん》』に出てくる言葉。

注意点②――ほかの人を羨みやすい

次に、逆境に陥った人は、他人の善を見ると、ただひたすらそれを羨み、自分は努力せずして、あの人のようになりたいと思うものである。『言海《げんかい》』（日本初の近代的な国語辞典）を見ると、羨むとは、「心病《うらや》む」という意味で、「他の好《よ》きを見て、その如《ごと》くならんことを望み思う」とある。「病む」とある通り、心理上の病的現象である。

同一の出来事に出合っても、病的に見れば、羨みとなり、健全に見れば、励みとなる。

たとえば、自分より優れた人を見て、その真似をしようとするのは、励みである。学者を見て、「自分も彼のようになりたい」と欲して、志を立てる。聖人を見て、「自分も彼のように徳を積もう」と思って努力する。これらはみな、健全に他人の善を見て、励むということである。

これに反し、「彼は特に優れたことをしていないのに、自分よりもうまいことをしている。自分はこんなに努力していながら、彼のようになれない」と、人の成功を羨ましく感じ、さらに進んでは、「技量のある自分だけが、こんなになったのは、彼が密かに動いたからではないか。上司にへつらい、自分のことを讒言《ざんげん》したのではないか」とまで邪推して、他人を憎む者もいる。病的現象がだいぶ進んだために、羨むわけである。

いったん逆境に陥った人は、とかく、今までいたレベルから人を見ることができなくなり、一段下った所から見るようになる。先ほど述べたように、爪先立って見れば、遠くて高い所も見えるが、逆境に陥ると低い所に下るので、そこに目が届かなくなる。

そのため、これらの人は、ほかの人の表面に堂々と現れたことを見ずに、陰になった裏のほうのみを見て、その人に喜ぶべき善事があっても、一緒に喜ぼうとしない。むしろ、それを羨むようになる。

以前、僕の家に、郷里のある老婦人が来たことがある。芝居やその他の東京見物をさせたのち、「鎌倉・江ノ島を見てはどうか」と勧めたが、老婦人は「郷里には老人が待っておりますから、私だけ行くことは見合わせます」と言う。

そこで、「そんなことは言わずに行ったほうがよかろう。郷里にいるときは台所で働いているのだから、せめて東京へ来たら、鎌倉・江ノ島も見物して一息ついたらよかろう。東京へはめったに来ることができないから、珍しい所を見物し、土産話を持って帰れば、老人もきっと喜ぶであろう」と言ったが、「私が見物して帰れば、老人から『年取った俺を置いて、自分一人だけ鎌倉・江ノ島見物とは何事か』と言われます」と言って、ついに僕の言うことを聞かなかった。

人の愉快は、自分にとって少しも損ではない。むしろともに喜んで愉快を分かつべきである。

ところが、人が楽しんでいるのを見ると、自分は損をするかのように思う者が多い。もし、これが一歩進んだならば、人に幸《さち》なきを喜び、むしろ災いが降りかかることを気味がよいと思うようになるであろう。

他人の得は、自分にとっても得になる

他人を羨むことは心の狭さから起こるので、これを除くには、心を伸び伸びさせ、「人に及ぼす善は、自分にとっても善である」ということを深く理解することに努めるのがよいと思う。

経済学が幼稚な時代には、「Aが得をする商売は、Bの損である」と信じられ、

外国貿易においても、「両国が同時に得をするものである」という考えは起こらなかった。

たとえば、米屋が魚屋から魚を買うとき、金を持っていくが、その金は、米屋が魚屋などに米を売って、受け取ったものである。ゆえに、金を持っていく者つまり米屋は、魚屋から米で魚を買うのと同じことになる。米屋は、米を魚と交換し、魚屋は魚を米と換えるのである。この場合、米屋と魚屋のいずれが損をし、得をするかというと、いずれも損をしない。仮にいずれかが損をすることになるなら、交換しないであろう。得をすると思えばこそ、換えるのである。

人の交際もこのようなもので、多数の人々と交わっている間に、自分の覚えていることを他人に教え、自分の知らないことを他人から教えられる。知識は、他人に与えても決して減るものではなく、その交換は、物品の交換と同じく相互の利益となる。

人情の交換も、これと違うことがなく、自分の喜びを人に分け与えても、自分の喜びは決して減らない。また、人が嬉しがっているのをともに笑い興じても、決して自分の損とはならない。

ところが、経済学に迷信があったように、人情の交換にも迷信が残っている。人が得をしたと言えば、自分は損をしたように思い、人が金を儲《もう》ければ、自分の金を取られたように感じ、人が名誉を得れば、自分は侮辱を受けたように思い、人が新しいことを覚えると、自分の知識を削り取られたように感じる。

さらに具体的に例を挙げると、他人の月給が上がったと聞くと、自分は罰金を科せられたように思い、人が昇進したのを見ると、自分は下げられたように思う。これが、いわゆる羨みの情である。

個人の利害を超えた、大きな利害を考えよう

今の世界は、共同生活という観点から言えば、まだまだ原始時代である。ソリ

ダリティー（一致共同）の観念に乏しい。人の相互的関係はいまだ綿密なレベルに達していない。

ただ、火事などの場合には、少ないながらも、多少、相互的関係があることを感じる。というのも、火事の場合、共同して働かなければ、鎮火しないからである。「自分の家が焼けたから、ほかの家も焼ければよい」と思うのは、羨みの極端な例であって、一般の人情からすれば、隣家が火事で危うく、ひいては自分の家にも及びそうな場合、自他ともに共同の敵である火事に対して、全力を振るって鎮火にあたるものである。このときには、共同の敵を防ぐのに急《きゅう》で、彼我《ひが》の念が薄らいでくる。

また、日頃は文官と武官の間に隙間が生じ、互いに「面白くない」と思っている者同士でも、あるいは、同じ軍人で互いに昇進を争っている者同士でも、いったん戦時になると、各自、自分のことは忘れて、敵を防ぎ、国家を守ることに専念する。

すなわち、人は、個人以上の大きな利害を考えるとき、人を羨む念が小さくなる。日本の国という視点で考えれば、世界の列国に対して、我が国の利益を図ることに専念するようになり、日本村という小さな範囲で小競り合いをする気がなくなる。同僚が出世して自分が後れても、あるいは、日頃、自分には敵のように思えて気に食わず、意見を異にする者であっても、「彼も日本の実力を養成し、国威を宣揚《せんよう》する者である」と思えば、気に障《さわ》らなくなるのみか、自分も喜んで彼に加勢する気になる。こういう人々には、羨みなどの考えは起こらない。

自分の考え方がここまで進歩しないにしても、「他人の幸福は、自分を害するどころではなく、グルグルと回って自分の幸福にもなる」という観念を養ったなら、羨む念は薄らぐであろう。

一見すると、「他人の利益は自分の害、他人の損は自分の得」というように見えるが、実際はそうではない。それどころか、一人の利益は万人の利益、一人の苦は万人の苦、一人の楽は万人の楽である。こう見れば、世界の調和は美しい。

生まれながらにして聖人たる者は、議論せずにこのことを感じるが、凡人は迷信に駆られ、考えがここに至らない。ゆえに、我ら凡人は、事にあたるごとに自らを振り返り、共同的利害のある点に心を向けるようにすることである。そうすれば、次第に人を羨む念は薄くなるであろう。

注意点③——ほかの人を恨みやすい

第三に、逆境に陥った人は、とかく、ほかの人を恨みやすくなる。

この恨むということには、大きく分けて、「天を恨む」「他人を恨む」「自分を恨む」という三種類がある。そして、三種類のうち、自分以外のものを恨むのは、逆境に陥るに至った言い訳をつくり、自分の責任を逃れ、他に帰そうとすることに由来するのである。「こうなったのは、自分が悪かったのではない。天が自分に災いを与えたのである」「自分は悪くなかったが、人に欺《あざむ》かれたのである」というように、自分以外に責任を転嫁しようとする下心から生じる。

一方、自分を恨むとは……、文字の使用が適当を得ているとは思わないが、仮にこの文字を用いれば、その意味は、「悔やむ」ということである。「ああ、悪かった。自分が悪かったために、こうなった」と後悔することである。

したがって、自分を恨むというのは、大いに望みのある心の状態であると思う。無論、後悔するのみでは、まだ不足である。キリスト教で言う通り、悔い改めねばならない。regret ではなく repentance でなければならない。ここに至って、後悔は望み多き心の状態になる。

自分のことを棚に上げていないか

自分を恨むことはしばらく別として、以下、天と他人を恨むことに関する注意を述べてみたい。

自分の欠点や短所を棚に上げて、他人のみを恨む者は多い。世間は、その例に富んでいる。これは、前に述べた人を羨む場合と同じく、人の社会的生存が綿密になってきたからである。すなわち、善事も悪事も一人ではできない。たいていほかの人との共同または関係を必要とする。したがって、自分一人の失敗のせいで逆境に陥ったとしても、その原因を自分以外の人に求めやすくなるのである。

たとえば、まったく自分一人の不注意のために風邪を引いた場合でも、客として行った室内の暖房が不十分であったことを理由にすることもできる。細君が入れた衣服の綿が少なかったことのせいにもできる。人力車が幌《ほろ》もかけずに、夜、寒い中を走ったことのせいにもできる。

このように、罪を他人に転嫁しようとして推論すれば、「呉服屋が生地の薄いものを売ったせいだ」とも言える。「織物会社が糸を省くために粗末な糸を少なく用いたせいだ」とも言える。さらには、「紡績会社が原料である綿花の選定を誤ったせいだ」とも言えるであろう。

飴《あめ》細工風に論じていけば、世界のものはすべて悪く見え、自分一人がよしとなるであろう。

しかし、客として行った部屋が寒かったら、早く帰るがよい。無駄話をして長居する必要はない。自宅を出るとき、細君が注意して、「もう一枚着るように」と言ったのに、「ぼてぼてして恰好《かっこう》が悪いから」と断ったことや、車夫《しゃふ》が「幌をかけましょう」と言ったのに、「鬱陶《うっとう》しいから」と言ってやめさせたことを忘れ、あるいは、生地のよいものはたくさんあったのに、値切って安物を買ったことを忘れ、そのように、すべて自分の力の及ぶ範囲にありながら、自分の力を用いなかったという自分の愚を棚に上げて、罪を他人に帰そうとする。

僕はここに、最も滑稽《こっけい》で、かつ「まさか、そんなこともあるまい」と思うような例を挙げたが、実際このような例は世の中にたくさんある。決してこの場限りの笑い話ではない。

人の世話をする際に覚悟すべきこと

人に「世話をしてくれ」と頼みながら、その後、世話をしてくれた人を恨むようなことがある。これは、ほとんど人情の常であり、人の世話をする人がよく経験し、承知するところである。今後、人の世話をする人は、必ずこの点を心に留めておくことが必要である。

こう言うと、はなはだ人を見下げているようであるが、一〇人に七、八人までは、そのようになるのが事実である。

僕も少し、人の世話をする真似事をしたことがあるが、頼まれるときには、必ず「決してあなたにご迷惑をかけません」と言われる。これは、一つのフォーミュラ〔決まり文句〕のようである。実際、人にものを頼むとき、最初からその人に迷惑をかけるつもりでいる人はいないであろうが……。

そして、世話をして数年と経たないうちに、その人から恨みを買うことが一〇に七、八ある。僕はあるとき、このことを、ある先輩で高い地位にあり、数百人の世話をしている人に語り、「人の世話という種子を蒔《ま》けば、恨みを収穫することを覚悟すべし」と言ったところ、先輩は手を打って、「実に金言である」と同感してくださった。

そうは言っても、人が実際に窮地にいるのを見ると、「やむにやまれぬ大和魂」が起こって世話をしたくなる。

たとえば、窮地にいる人が、「薄給でもよいから、相応のところに世話をしてもらいたい」と言ってくれば、相応に紹介の労を取り、適当なところを探して、出勤できるように世話をする。

二、三カ月の間は、「おかげさまで」と喜んでいるが、その後になると、「せっかく世話をしてくれたが、社長は自分を重用してくれない」とか「信じて任せてくれない」とか「ほかの人とは別者扱いされる」とか言って、不平を並べ始める。

一年も経つと、今度は「月給を少しも上げてくれない。ああいうところに世話をされるならば、むしろ元のところにいたほうがよかった」と言う。そこで退社させると、今度は「人をもてあそぶ」と非難する。

こう言うと、「人の悪口を言わない」という、僕の日頃の主義に背《そむ》くようであるが、実際の状態はこのようである。

この点をよく心得ていなければ、人の世話はできない。だからといって、「世話をするのはよせ」ということではない。力の及ぶ限り、世話をしなければならない。世の中は、お互いに助け合って成り立っている。困ったときには、救いを求め、また、困っている者を救うべきである。ただ、前に述べたような非難を受けた場合は、人を恨まないよう、注意して自らを省みたいということである。

アドバイスを受け入れたのは自分の責任

逆境に陥った理由を自分に求め、「今日《こんにち》、こういう逆境に陥った理由は、己にあり」と覚悟を決めたなら、人を恨まなくなるであろう。

実際、逆境というものは、たいてい自分の失敗に基づくものである。歴史上、人から讒言され、陥れられた人はたくさんいるが、よかれ悪しかれ、その理由とされた欠点は、多少なりともその人自身にあったのである。

そもそも、「これは自分が悪かった。自分の失敗であった」と、自分の失敗を認める度量というのは宏大なものであり、大人物にならなければ、自分の非を悟ることはできない。我々凡夫は、「自分が悪かった。許してくれ」と、口にすることがないわけではないが、自ら災いの責任を取ることは、とかく嫌う。しかし、これも、心掛け次第によっては、凡夫にもできないことではないと思われる。

要するに、客観的に帰納的に事物を分析し、「このことについては、自分が悪いのだ」と、自分の悪かった点を強く省みることもまた、人を恨まなくなる一つの方法ではないだろうか。

僕は、便宜のために、ここに具体例を挙げてみる。

たとえば、ある事業に失敗して逆境に陥った人がいるとする。彼はおもむろに過去を振り返り、「さて、この事業はどのように始めたのか。また誰に相談したのか」と失敗に至った経緯を考え、「あの人はこの説を奨励した。あの人は大いにやれと勧誘し、自分もついに思い切ってやる気になった」ということを思い出す。

するど、普通の人であれば、「あの人の勧誘がなければ、自分はしなかったであろう」と思って、その人を恨む。そして、「その人の勧誘を取捨選択する権能は、ひとえに自分にあった。彼の説を聞いたのは、自分が悪かったのである」ということについては考えない。

あるいは、こういう場合、「とかく断りにくいから、せっかく言ってくれる好意を無にするのも気の毒であるから、やった」ということもある。

しかし、自分が見て、「正しくない」「よくない」と思ったなら、たとえどんな好意から出たものであっても、断るのが適当である。自分の意志に反してまでも、それを受けたのが間違いである。自分は誠意のないことをしたのである。先方の好意に対し、誠意がないのに「誠意を向けよう」と考えたのが偽りであった。

また、自分で「正しい」とか「確かである」とか思って行い、失敗したならば、それは自分の判断が誤っていたことを示すので、責任は自分にある。勧誘者を責める言い訳にはならない。

いずれから考えても、事業に失敗した原因は自分にあって、人を恨むべき点はない。ゆえに、人を恨むという問題は、己を責めることの軽重によって解決される場合が多いであろう。

注意点④——天を恨むようになる

次に、逆境に陥ると、天を恨むようになる者がいる。「自分はこれほど努力しているのに、それでもこうなるのは、天道是か非か」と、不平を言う。「天道是か非か」と言うことが、すでに天を恨む始まりである。

物質は、種類によって、火に入れると溶けて形を失うものもあり、あるいは、かえってますます硬くなるものもある。たいていのものは溶けやすいが、卵のように硬くなるものもある。

人もまた、艱難《かんなん》という熱い火の鍛錬を受けると、その性質が硬くなり、人に対して敵愾心《てきがいしん》を起こす者もいる。また、柔らかくなって世の無常を感じ、はかなさを思う者もいる。ここで言う「硬くなる」とは、無論、悪い意味に用いたのであって、冷ややかな薄情、不人情となり、天も人もすべて敵であるかのように思うということである。「柔らかくなる」とは、逆境にあって、つくづくと人生はつまらないもの、世ははかないものと感じ、世を去り、世から逃げようとすることである。

つまり、天を恨むといっても二種類ある。

一つは、「これほどまでに努力しているのに、こうした結果を見るとは、神も仏もない世の中だ。それなら俺はもう神も仏も要らない」などと放言し、信仰を失い、無神論はもちろん、人間界には徳も義もないものと信じ、ついには過激な破壊論者となる。これは、強い者の陥りやすい過ちである。

一方、弱い者が逆境に陥った場合は、ここまで世の中に反抗しない代わりに、陰気になり、卑屈に流れ、悲観的になり、すべての事柄に対してグズグズ小言をつぶやいて、世を渡るようになる。

この二種類の「天を恨む」ということは、人の性質によって違いがあり、程度を異にするが、「最初は、自分の失敗を天に転嫁しようとすることから始まる」という点では二者同一である。

天は決して人間を虐待しない

すでに述べたように、人は逆境に陥ると、その罪を他のもののせいにしたがる。そして、最終的には、天にまで責めを負わせるようになる。

この問題は、宗教の力によらなければ解けるものではないが、僕はここで、一言、青年に注意したいことがある。それはほかでもない。人は、とかく逆境とか災難とかを過大視する悪い傾向があるということである。

たとえば、富者が金を失うと、「逆境に陥った」と言って、天を恨む。しかし、金のないことが、はたして、天を恨むだけの逆境と呼ぶに値するであろうか。富者が、財産を失ったことを「逆境に陥った」と言って、天を恨むことは、金を重く見すぎた過ちであると思う。

僕は、「天は決して人間を虐待するものではない」と信じている。『聖書』によれば、神はその愛する人を試みるという。

したがって、病気になったからといって、それですぐに逆境とは言えない。健康そのものは、必ずしも、すぐに順境とすべきものではない。また、地位を失っただけでは、逆境とは言えない。就職そのものが、必ずしも順境と言えないこともある。

要するに、天から出たことであれば、出処進退も貧富も栄辱《えいじょく》〔栄誉と恥辱《ちじょく》〕もすべて順境でもなければ、逆境でもない。心を天に置く人は、こんなことには案外、無頓着《むとんちゃく》なものである。凡夫は、天命を受け入れて心を安んずることができないので、人を恨み、天を恨むのである。

ゆえに、たとえ失敗しても、災いに遭っても、その失敗や災いの価値を誇大視しないよう、思いすぎないよう、執着しないようにすることである。そうすれば、天を恨む考えは起こらなくなるであろう。

注意点⑤——同情心を失いやすい

逆境に陥った人は、周囲にいる者はみな、自分を虐待し、自分に苦痛を与えようとする者であるかのように思う。他人に対する同情心がないので、他人が自分に同情を寄せていることが分からない。

ゆえに、ややもすれば、柔和の情を失い、不人情となる。「自分はこれほど善行を施しながら、それでもこうした運命になった。彼があのくらいのことをして、このくらいの目に遭うのは当然である」と思い、さらに、はなはだしい場合には、「他人もまた、自分のようにこんな目に遭えばよい」という考えを起こすようになる。

僕は、子供時代、玩具《がんぐ》を非常に欲しがったが、ついに買ってもらえなかったことがあるので、今の子供が同じく欲しがっても、「与えるのは贅沢《ぜいたく》である」と言った。すると、クエーカー派（注6）に属する僕の友人がこれを聞き、「それはよくない。自分が子供のとき、欲しくても買ってもらえなかったのなら、子供の欲しがる気持ちが深く思いやられるであろう。自分の欲しかった気持ちに引き比べて買ってやるのは当然である。自分は買ってもらえなかったから、子供にも持たせないというのは間違いである」と説いてくれた。僕は、もっともなことと思った。

逆境に陥った人は、自分の逆境を思って、とかく、他人が自分と同じ逆境に陥るのは当然であるかのように見なすことが多い。

（注6）17世紀のイギリスで生まれたキリスト教の一派。祈りや瞑想《めいそう》を通して内なる光を感じ、神や聖霊と交わることを重視する。著者もクエーカー派に属していた。

母と子を失って同情心が薄れた経験

逆境に苦しんだ人が、こういう考えを起こすのは、逆境のために同情心を失うからである。人が逆境で苦しんでいるのを見ると、「なに、俺だって、そのくらいのことをやってきたのだ」と言って、その逆境に同情せず、かえって反抗の念を養うのである。

僕は、母を失ったのちの数年間、恥ずかしながら、こういう考えから脱することができなかった。

僕は一〇年ぶりに懐かしい母に会うのを楽しみにして、北海道から郷里〔岩手県盛岡市〕に帰った。着いたときには、図らずも、母は三日前にすでに亡くなり、昨日すでに葬儀をしたということであった。札幌にも通知は発されたのであるが、僕の出発後、行き違いに届いたので、僕は帰郷して初めてこのことを聞き、まったく青天の霹靂《へきれき》であった。

その後、母を失ったという人を見ても、何となく同情が薄らいだ。亡くなった人の年齢が、母よりも老年であったと聞くと、気の毒というよりも、むしろ亡くなったのが当然であるかのように感じた。

母を失った人の年齢が、自分より上であったと聞けば、自分より長く母に養われていた幸福を思い、また、母と別れて会わなかった年数が自分よりも短かったことを知ると、死別もまた当然であったかのように感じた。

その人に自分よりよいことがあっても羨みはしなかったが、自分より悪いことがあっても同情は起こらなかった。僕は恥ずかしながら、この感覚を二〇年間も失わなかった。

子供を失ったときも同じであった。明治二五年に初めての子を失ったが、その悲しみは長く癒《い》えなかった。五年前になって初めて癒えた心地がし、口に出して語っても、それほど苦痛を感じないようになった。

こういうことは公に発表すべき性質のことではないが、自分の弱点から推測すると、世には、こういう人も必ずいるであろうと信じる。

こうした目で人と接すると、人に何となく冷ややかで不快な念を与え、人を批評するにも無情な言葉を発してしまう。そのため、自分も不快になれば、人にも不快を与える。あたかも氷を抱いて世を渡るように、接する人の心を冷ややかにしてしまう。

自分一人の狭い経験で、すべてを判断するなかれ

僕がよく耳にする言葉に、「君、世の中はそんなに甘くいけるものではない」というものがある。こういう人は「自分は人生の真実を穿《うが》った」と思っているかもしれないが、実は、いっそう深く入らなければ、とうてい穿ったとは言えないであろう。

人生は、百合《ゆり》の根のようなものである。剝《む》いても剝いても、なお中身があるように思われる。途中まで剝いた人、一枚でも多く剝いた人は、それだけ多く人生を味わった人と言うべきであるが、剝いて剝いて中心に至らなければ、とうてい人生は分からないものである。

それなのに、途中まで剝いた人は、とかく、中心まで剝いたように言う。辛い経験をした人は、途中の辛さのみを味わって、奥もまた辛いものであると早呑み込みをする。人生の奥を覗いたわけではないが、演繹的《えんえきてき》にこうであろうと判断す

るのである。こういう判断は必ずしも勘所《かんどころ》を得たものとは思えない。

僕は、元来、「天は、人に与えるのに、祝福をもってするものなり」と確信している。「どのような災難を受け、どのような逆境に陥っても、最後は必ず極楽浄土に至る」と確信している。迷信かどうかは知らないが、僕はこう信じる。

ゆえに、人生を悲観しない。僕は母と子を失った経験をしたが、人生の辛さをわずかに二つ三つ味わっただけで、社会のすべてのことを判断するのは、決して健全な思想とは思えない。

たとえば、友人として今まで信頼していた人が、自分を欺いたならば、「人はすべてこうだ。あれほどの友人ですら、現に自分を欺いた。他人は言うまでもなく欺くであろう」と結論する者が多い。

また、部下が不忠であれば、「人はすべて不忠なり」と推定する。信用する人に金を貸して返済されないときは、彼を「盗賊」と思う。尊敬していた人が一歩を誤ったとき、あるいは、たとえ誤らなくとも、第三者から「誤ったらしい」という話を聞いたとき、世間に尊敬すべき人は一人もいないように思う。

このように、自分一人の狭く小さな経験を基準として、何もかも計る。これは、逆境に陥った人が大いに警戒すべき点であると信じる。

しかし、人は、「海の下にも都あり」という信念を持たなければならない。雲の陰では、太陽が輝々《きき》として光っているのである。

すなわち、自分を欺いた友人は、後悔しているに違いない。また、世間には、欺かない友人もたくさんいる。あるいは、金を返さない負債者も、後年必ず返すであろう。万一その人が返さなくても、世の中には返す人が多数いる。自分の尊敬していた人も、「弘法《こうぼう》にも筆の誤り」と言うように、高い道を歩みながら、一歩二歩踏み外したのかもしれない。しかし、それでもなお自分より高く険しい所を進んでいる。

このように、善意に人生を見るならば、世には悲観すべきことはないと思われる。ゆえに、事にあたっては、自分の狭い経験だけから判断せず、公平に大きく広く世間を見渡し、「それ達人は大観《たいかん》す」（注7）という態度を保ちたい。この心掛けを守りさえすれば、いかなる逆境に陥っても、心を頑《かたく》なにすることはないだろうと思う。

（注7）「達人は大観す」は、中国、漢の時代の思想家・賈誼《かぎ》の言葉。「達人は物事の全体を見通すので、判断を誤らない」という意味。勝海舟が西郷隆盛の死を悼んでつくった歌「城山」は、「それ達人は大観す」の句から始まる。

注意点⑥――心に傷を受けやすい

逆境に陥った人は、我慢してそれを立派に切り抜けたとしても、心に深い傷を受けることも多い。こうした人は、鍛錬されて人物は堅固になるが、すらりとして伸び伸びしたところがない。骨は稜々《りょうりょう》として角立っているが、ふっくらとした肉付きがない。しっかりしているが、温かなところがない。

僕の知人に、長年、逆境と苦闘してきた一人の老人がいる。この人は、維新当時、藩のために逆境に身を置き、非常な苦痛を嘗《な》めた。明治政府になってから、「愛する子に十分な教育を施し、せめて、自分が維新当時に受けた汚名をそそぎたい」と言うので、困難な生活費の中から学費を捻出《ねんしゅつ》し、あらゆる逆境の苦痛を受けたのである。

この老人は、これらの逆境に抵抗し、あらゆる困難に遭ったが、ついにその目的を達し、心に期した通り、その子を教育した。しかし、そのために、心に受けた傷は深く、「世間の人はみな、自分に冷酷である。無情である」というように思い、非常に頑固となり、他人に対する同情の念が消えてしまった。

この老人が受けた心の傷を示す例がある。

かつて僕が眼病に罹《かか》ったとき、折しも上京していた親友の宮部（金吾）博士が僕を見舞い、病床で僕のために書物などを読んで聞かせ、最も愉快に誠実に僕を看護してくれた。

この日、この老人も偶然僕を見舞い、このあり様を見て、非常に訝《いぶか》しく思ったらしい。その後、僕に向かい、「宮部さんはあんなに親切な方であろうか。終日、友人の傍《かたわ》らで看護されたのは、真実の心から出たものであろうか。傍《はた》から見れば、世間体を飾り繕っておられるようには少しも見えなかった。世の中には、ああいう親切な人がいるのであろうか」と語った。

老人は、逆境のために散々に鞭《むち》打たれ、「世間の人は、冷酷な人ばかりである」と思っていた。そのため、こうした親切な行為を見、自分の心と比べたとき、訝しく思えたのであろう。

世の中には、こうした傷を心に負っている人がたくさんいる。

心の傷も善用できる

老人は、その後、受けた傷をおいおい回復し、今では、ほとんど心に傷跡が見えなくなり、他人に対する同情の念が厚くなってきた。これは、老人の修養もあったであろうが、その主な原因は、日頃交わっている人がいずれも親切なので、最初は「世間の人はすべて冷酷である」と思っていたひがみ心が自然に解け、朝日に照らされた春の雪のように消えたからであろう。

ゆえに、たとえ逆境に陥り、心に傷を受けた人であっても、なるべく他人の行為を善意に解釈し、親切を感じることを心掛ければ、傷もおのずから癒え、同情の念が養われるであろう。心に傷を受けた者は、それを善用することを心掛けたいものである。

また、鳥は傷を負うと、翼でもってこれをかばうという。我々も、人生の悲惨に遭ったときは、夜、人目を忍んで枕を濡《ぬ》らすことがある。おそらく、こういう経験がない人はほとんどいないであろう。一〇人中九人と言わず、一〇人までも手傷を負っているであろう。どんなに富んでいる人も貧しい人も、学問のある人もない人も、地位の高い人も低い人も、みな手傷を負わない者はいない。

すなわち、自分独りが辛酸に陥っていると思うと、天を恨み、人を責めるようになるが、「これは人生の付き物であり、何人も逃れることはできない」と思えば、これを善用することができる。

我々は「なにゆえに、こんなに辛い目に遭うのであろう」と思い、その理由を理解できなくとも、「これには何らかの使命が含まれている」と信じれば、〔その信じる心は〕うまくいかなくとも〔使命を知りたいという〕好奇心となり、うまくいけば信仰となり、そうして、辛酸に対して耐え忍ぶ力を養成することができる。

③ 逆境に対処するには

「濡れた毛布」のような人にはなるな

どのようなことも、他人の言葉はすべて悪意に解釈し、ひがんで聞き、たとえ人が親切な行為をしても、その温かい心を汲《く》み取ることができず、むしろ冷笑をもって迎える者がいる。世間の人は、こういう人を見ると、「嫌な人だ」と言って避け、嫌う。

ちょうど、『ファウスト』にあるメフィスト的な人である。こういう人は、女性や子供が見ても、何となく薄気味悪く感じ、西洋人の言う「濡れた毛布」(wet blanket)(注8)のように、せっかくの希望や楽しみを挫《くじ》く。それまで団欒《だんらん》して楽しく語り合っていた談話も、こういう人が入るとともに話の腰が折れ、一座がしらけ、一人去り二人去り、いつしか、賑《にぎ》やかであった人々も自然に去って、その席が寂しくなる。

こういう人は、どうしてそうなったのか。もちろん、先天的な性質によるものも多分にあるが、子供の頃から逆境に育ち、性質が曲がって、意固地となった者が多い。普通であれば、真っ直ぐに伸びるべきときに、逆境という覆いのために伸び損じ、ねじけたのである。

僕は、こういう話を聞くごとに、嫌な気がすると同時に、彼を気の毒な人と思う。そして、彼の性質の由来を思うと、「もし、彼と同じ境遇にあったならば、自分はもっと激しくなったのではないか」とも思う。自分と比較すると、彼がねじけたことは無理もないと感じる。

こういう人は、常に「世間は無情である。冷酷である。自分はこうまで努力しているのに、なおこのような逆境に苦しんでいる。私の心を見てくれる人はいない。

こんなに苦しんでいる私の痛いところをさすってくれる人がいない。こんなに悲しんでいる私に対して、親切な一言をかけてくれる人がいない。実に世の中は冷酷である」と言い、人のみを責める。

しかし、退いて一考すれば、他人が同情心に乏しいのではない。自分に同情の念がないから、他人もまた自分に対して同情を寄せないのである。以心伝心、自分が同情を持っていれば、それは必ず他人に反映し、他人から同情を寄せられる。自分では、世を恨むかのように、嫌うかのように見なしていて、どうして他人の愛を受けることができるであろう。

（注8）濡れた毛布を炎に覆いかぶせると、一気に鎮火することから、英語では、場をしらけさせる人のことを wet blanket と言う。

苦しみを打ち明けるなら親友がよい

自分はどれほど逆境で苦しんでいるとしても、世間の人は、どうして自分の痛いところを知ることができよう。他人は自分の痛いところを知らないからといって、同情を買おうとして相手を選ばずに苦痛を訴えるのは、卑怯な行為である。僕はこれを「乞食《こじき》根性」と名付けたい。

この乞食根性は、相手を選ばずに泣き言を訴えるのであるから、感心できない。しかし、親友に逆境の事情を打ち明けることは決して悪くない。否、むしろ、よいことと信じる。よき友のありがたさは、こんなときにいちばん分かるのである。僕は、逆境で苦しむ人にこのことを勧めたい。

男子にもあるが、特に婦人に多いのは、「知らない人に対しても、とかく、不幸の事情を洗いざらい告げる傾向がある」ということである。婦人は、独りでクヨクヨ思っているよりも、他人に打ち明けたほうが、苦痛が分担されて軽くなるように思い、思慮もなく打ち明ける。なるほど、一時、苦痛は軽くなろうが、相手を選ばずに訴えるのは、長い月日の間には、かえって苦痛を増すことがある。

逆境で泣いている人が、相手を選ばず、何人にもその苦痛を打ち明けることには、害がある。もし、秘密を抱くために心を痛めることがあるなら、日頃、最も信頼している親友に打ち明けるのがよいと思う。

語るなと人に語ればその人は
　また語るなと語る世の中

〔人に「語るな」と言って語ると、その人はまた、ほかの人に「語るな」と言って、それを語る。世の中は、そういうものである〕

この古歌が示すように、相手を選ばずに打ち明けると、伝わりに伝わっていく。その間に、ますます真相から遠ざかっていくので、かえって、心を痛める種子を増やしてしまう。

冷静に事態を把握し、善後策を考えよう

第二に、人は、突如として災いに遭ったとき、「この災いはどれほど大きなものか」という、大きさの割合がほとんど分からない。

足元から飛び立った鳥に驚かされた人は、その瞬間には、「今、飛び立った鳥は何であったか。またその大小、形状、はたまた色合いはどうであったか」ということはほとんど目に留まらない。しかし、一歩退いて、今、高く飛び上がった鳥と自分との間に一定の間隔をつくると、鳥の大小も、何の種類であったかも、よく分かってくる。

我々も、天災または人災に遭うとき、一時、目が眩み、真相を見損なうことがある。小事を大きく買いかぶり、大事をそれほどに思わず、大小軽重の分別を失い、そのために、まったく無益に心を労することがある。

また、災いが起こった瞬間にすぐに処理すると、そのことが将来にまで影響し、災いそのものよりも悪い結果を生じることもあるので、一歩退き、冷静に思慮を巡らすほうがよいこともある。

もちろん、災いによっては、起こった瞬間に処理しなければならないこともある。たとえば、火事の場合、じっと考え込んでいては消火できない。盗賊が入って、「金を出せ」と脅迫してきたとき、「明日まで待ってくれ」と頼むことは、できない相談である。病気であれば、なおさら応急手当の必要があり、一刻も猶予することはできない。起こったのと同時に処理しなければならないことである。

とはいえ、世の中には、これに反し、即時に始末・処分しなくても差し支えない災いがたくさんある。「災いを避ける」または「これを受ける」という取捨選択・行動を決めるまでに、十分に熟慮する余裕のある災いがすこぶる多い。

かつて、僕の友人は、この問題について最も適切な実体験を語った。その友人は、長年、非常に過度な勤労をしたために重病に罹り、三年もかかって初めて全快した人である。友人は発病当時の状態を次のように語った。

「私は、ある日、勤務先から帰ると、突然、重症に罹って倒れてしまった。家族は非常に驚き、狼狽《ろうばい》した。特に妻は『夫は日頃、過度な仕事をしておいででしたから、こうなることはあらかじめ覚悟しておりましたが、まさか今日こうなるとは思いませんでした』と言って、泣き出した。しかし、私は『二、三日も経てば、すぐに回復する病気である。心配することはない』と言って、笑っていた。

翌日、妻は、看護婦の手に病人の私を託し、『私も非常に驚き、疲れましたから、三日間、転地保養に行きたく思います。お暇を頂きたい』と言う。私は大した病気とは思わなかったから、暇を与えた。

ところが、一日過ぎ、二日経っても回復しない。どうやら重症であることが分かってきた。それにつけても、私が病に倒れたときに泣いて心配し、また、この重症を知りながら三日間も放任して、自分独り転地している妻の気がおかしい。変な奴だと思い、のちには妻の分別を疑うようになった。

妻は予定通り三日目に帰ってきた。帰ってくるとともに、非常なる熱心と注意とをもって私の看護に努めた。前後の態度があまりに目立って違うので、妙だとは思ったが、一カ月、二カ月と進むに従い、病はますます重くなるのみで、全快するまでに三年以上もかかったので、腑《ふ》に落ちない挙動であると思いながらも、いつしかそのまま過ぎてしまった。

五年も経ったあるとき、会話の折に、『あのときは、どういう考えであったのか』と言って妻の考えを聞くと、妻は『ご病気にお罹りになることは予期していましたものの、今日、明日とは思っておりませんでした。しかし、足元から鳥が飛び立つように、ご病気にお罹りになった以上、善後策を講じなければなりません。そして、そのためには、冷静に考える必要があります。病人のそばにいては、病が気になって前途が見えなくなります。むしろ夫のそばを少し離れ、冷静に計画を立てるのが最もよいと思いました。かつ、ご病気になられたのを見て非常に驚きましたので、その夜、多量に吐血しました。これは大変である、自分は看護すべき重大な任務を有する身でありながら、自分がまず病に倒れるようなことがあってはいけないと思いましたので、しばし静養して、興奮した気を静めようと思いました。要するに、ご病気に対する対応と自分の休養のために、さらには、この災いの軽重を計って善後策を考えるために、三日間のお暇を乞うたのでありました』と言った」。

これは友人の体験談である。一般的に、災いとか逆境とかは不意に起こるものである。その場合には、狼狽せず、ゆっくりと前後を考え、軽重を比較し、善後策を立てなければならない。「大変、大変」とただ騒ぐだけでは、ますます逆境に深入りし、逆境は二倍にも三倍にもなり、ついには逆境を切り抜けることがとてもできなくなる。

④ 逆境を善用する

精神修養の機会と捉える

たいていの人は、必ず逆境に陥るものである。そして、一たび逆境に陥った者は、ややもすれば、精神上に、前に挙げた六カ条の影響を受けやすい。

では、逆境は避けるべきか、あるいは除くべきかというと、僕は、むしろこれを善用したい。逆境に陥ったならば、逆境そのものを善用し、自らの精神修養に役立てるのがよい。

たとえば、夏の日の習いとして、空が急にかき曇り、にわか雨が盛んに降り注ぐことがある。雨具を持たない身であるなら、しばし木陰に佇《たたず》む、または、道端にある古い社《やしろ》のひさしの下で晴れるのを待つ、というのも一つの方法である。

これに対して、「雨が降るなら降れ。風が吹くなら吹け。体がびっしょり濡れても、行ける所まで行く」という覚悟で、雨風に打たれても進み、雲が晴れて日が輝き、濡れた衣が自然に乾いて元の状態に戻るのを待つ、というのもまた一つの方法である。

僕は、逆境に陥った人が、逆境を避け、防ごうとすることは、悪いとは思わないが、必ずしもよいとも思わない。その善悪は、まったく動機と方法にかかっている。すなわち、卑怯な心から逃れようとする、あるいは、災いを他人にかぶせようとすることは、無論、我々の取るべきことではない。僕はむしろ、あくまでも逆境に耐え忍び、ついには、逆境そのものに修養を求めるようにしたい。僕の言う逆境の善用とは、そういう意味である。

逆境はどのように善用することができるか。以下、少し述べてみたい。

同情心を養う

今日《こんにち》、キリスト教が幾億万人に慰めを与えているのは、イエスという人が常に逆境にあって、つぶさに人生の辛酸を嘗めたからであろう。

ゲーテは、キリスト教のことを「悲哀の神殿」（Sanctuary of Sorrow）と言った。これは我々にとって最も興味深い言葉である。いわゆる逆境があればこそ、我々は、人に対する情を覚えるのである。もし、終日踊り跳ねて、一生、花が散る中で迷い暮らすならば、どうして人の情を理解することができよう。

武士は、もののあわれを知るという。これを知らないのは、真の武士ではない。「我が身を抓《つね》って人の痛さを知れ」と言うように、逆境に陥り、逆境の何たるかを知った者でなければ、人情のほんとうの味を味わうことはできない。

喜びがあれば喜びをともにし、悲しみがあれば悲しみをともにするのは、人情の最も麗《うるわ》しい点である。

喜びを人とともにするのは誠に麗しいが、喜びは、独り自ら喜んでいても、そのために他人に苦痛を与えることはない。もっとも世間には、喜びがあると、他人に分かつことを惜しむ者もいるが、それでも、他人に別に迷惑をかけることはない。

これに反し、悲哀のときは、それを人に分けさせてもらい、同情を得るようにすれば、一人で担う一〇貫〔約38kg〕の荷物も、二人で分けて半分ずつとし、五貫を担うような心地になる。これは、社会生存上、最も必要な条件であるが、この情こそ、逆境を善用して養うべき要素である。

これについて思い出すのは、数年前、遠く南米のアルゼンチン共和国に渡航し、白人に対抗して日本民族の真価を発揮しようとしつつある伊藤（清蔵《きよぞう》）農学博士のことである。

氏は、札幌農学校を卒業したのち、単身、奥州街道を徒歩で上京したことがある。時は、焼けるような暑さの盛夏、日は輝き、地は焼けて熱を吐き、草は蒸し、のみならず途中で病気に罹り、非常に辛酸を嘗めた。

当時、僕は北海道で神経衰弱に罹り病床にあったが、氏は、東京に着いた日にそれを聞き、はるかに書を寄せて、「実は、自分は今まで病気に罹ったことがなく、病気に対する同情がなく、人が病気だということを聞くと、バカバカしいと思っていた。ところが、今回、自分が病気をしたので、病気に対する同情が心より起こり、先生のご病気を耳にして、きっとお辛いことであろうと思った。今回の病気は、自分をして先生のご病気に同情させるため、天が特に自分に与えたもののように思われる」というように言ってきたことがある。

逆境に陥った人は、自分の逆境と引き比べて、他人の逆境に対して同情を厚くするのである。

僕は苦学した経験を持たないが、アメリカにいた頃、一時、本国からの送金が絶え、五、六カ月間、窮《きゅう》したことがあった。僕は、小さなものは自分で洗濯し、三度の食事も一度しか食べず、ほかの二度はパンと水とで凌《しの》いだ。当時はあえてその影響を受けなかったが、その後、健康を害したのは、幾分かはその結果だろうと思う。

僕はこういう経験があるので、苦学生〔働いて学費を稼ぎながら勉強している学生〕のことを聞くと、たとえ金銭の力をもって助けることができなくとも、せめて励ましの言葉ぐらいは真実かけてやりたくなる。

寛容な心、耐える力を養う

逆境を善用すれば、相手の短所を許すこともできるし、自分の短所を除く手段ともなり、さらには、勇気を養うこともできると思う。

たとえば、人と交わっている間に、「あいつは、何だか気に障る」とか「嫌な人だ」とか思うようになる人もいる。しかし、その人の過去をよく調べると、「これだけの過去がある人で、こうなるのは、むしろ当然である。もっと悪くならなかったのは、かえってこの人の偉いところである」と思われることもある。

また、「妙に内気で陰鬱《いんうつ》で、ろくに話をしない奴」と思っていた者であっても、その人の過去を聞き、「彼は早くに母を失い、他人の手で養育され、虐待を受けたこともあり、寒い日には着物一枚で震えたこともあり、一日二食で過ごしたこともある」ということを知れば、「今日《こんにち》、彼がこうなったのも当然である。もし、自分が彼のような逆境に陥ったならば、なかなか、この人ぐらいでは済まなかったであろう。あるいは、虐待した人を傷つけて、今頃は監獄の人になっていたかもしれない。この人は、よく耐え忍んだものである」と、しみじみ感心する。そして、彼の短所は憎くなくなり、かえって許す気になる。

さらに、自分もまたそういう不幸に遭った場合には、「あの人は、あれだけの苦に耐えたではないか。自分にも、このくらいのことができないはずがない」と省みて、多くの勇気を養うことができる。

以前、僕が乗った人力車に、車夫としては妙に地理を知らない、おかしな男がいた。過去を聞くと、かつて東京でそうとう活躍した商人であったが、何かのために失敗し、ついには車夫にまで零落《れいらく》したとのこと。「東京には、商いが盛んであった頃、出入りした所もあり、知人もまた多くいる。特に娘はそうとうな人の元に嫁いでいるから、日中、車を引くと、もしやこれらの人に会いはしないか、会って自分が恥ずかしい思いをするだけでなく、娘にまで苦労をかけるのではないかと恐れて、夜間、人知れず稼いでいる」と語った。

そのとき、僕は思った。「彼はよく逆境を耐え忍んでいる。もし、自分が彼の境遇に陥ったならば、首でも括《くく》って死んだかもしれない。あるいは、破れかぶれになって、盗みをしたかもしれない」と。

このように、人の逆境を思いやれば、その人の短所を許すことができ、心が寛大になる。また、自分が逆境に陥ったときには、「あの人は、こうであった」と思い出せば、勇気が加わり、「なに、これしきのこと」と思い、逆境に耐える力が出てくるのである。

逆境そのものがありがたい

キリスト教では折々に、艱難のことを十字架と称するが、キリスト教から見れば、これは至極もっともなことである。

イエスは絶えず迫害を受けていたが、生涯の中で苦の絶頂に達したのは、実に十字架上の人になったときである。イエスがその苦痛に耐えたからこそ、キリスト教は栄えたのである。罪なくしてこの罰に処せられ、甘んじてその刑を受けたからこそ、十字架は忍耐・勇気の象徴となったのである。

それまでローマの法律では、磔刑《たっけい》ほど恥ずかしい処罰はなかった。イエス以前、十字架は、人生最大の恥辱を象徴したものであった。

ところが、イエスがこの刑罰を受けたために、キリスト教においては、十字架が尊重され、艱難に遭って逆境に陥ると、「自ら開祖の例に則《のっと》るのである」と言って喜ぶ者が出たくらいである。

ローマ時代、キリスト教徒であるために迫害に遭った人は、かえって勇気を起こし、誇らしげに「私《わたくし》があなたと同じ刑に処せられるのは、誠に栄誉の至りであります」と言って、神に感謝したという。そんな例がたくさんある。

「自分のような取るに足りない者に、このような艱難を与え、私を試されるのは何よりもありがたい。天はいまだ自分を捨てたまわない証《あかし》である。もし、天が私を捨てたまうならば、どうして私を試すことがあろうか」という考えを持って艱難にあたり、艱難を忍ぶ。

ちょうど、学生が、受験の候補者になったようなものである。試験の苦痛はあるが、すでに自分は受験の資格を得るに至ったことを喜ぶ。一つの艱難を経て、さらにほかの艱難が来るのは、ちょうど、筆記試験が終わって口頭試験に移るようなものである。

この苦痛があればあるほど、勇気も増し、信念も増し、さらには感謝の念も増す。ここに至れば、逆境は、かえって順境よりありがたくなるのではないだろうか。

一条の光明を探し出す

実際、世間には、大変な逆境にある人もいる。生活を支える資金がなく、その身は病気に罹り、労働ができない。心は激しく勇み立って焦るけれども、体が利かない者がいる。こういう人には、慰めよりも、生活の方法を与えることが急務であるが、それもできないとすれば、その中で、何らかの光明を探し出すことに努めさせなければならない。

いかに極端な不幸や逆境にあったとしても、心掛け一つによって、その中に、一条の光明を発見することができる。すべては「苦いもの」と思っていても、その中には、一部分であっても、少量であっても、「甘いもの」がある。心掛けのある人は、この「甘いもの」を発見する。

たとえば、寿司の中には、さまざまな材料がある。「甘いもの」も「旨いもの」もあるが、「辛《から》いもの」もある。心掛けのよい人は、「辛いもの」「苦いもの」を見ないで、「甘いもの」「旨いもの」を見ることに努める。

さらに具体的に言えば、「自分は極端な不幸や逆境にある」と思っている人でも、世間を見れば、もっとはなはだしい者がいる。「その激しい不幸な人に比べれば、自分の不幸はまだ軽い。それほど悲しむべきではない」という気になれる。

これは、多少の修養を要することではあるが、逆境の人が勇気を得るための一つの方法であろうと思う。

人の心が試される試金石

一たび逆境に立つと、世間の人の心が赤裸々に現れてくる。日頃、得意でいるときには、互いに飾っていた心の汚れが、逆境になると、見苦しいまでにその本性を現すのである。

順境にあるときは、何とかかんとか言って訪ねてきたり、縁もゆかりもない人が、わずかな事情でもって、自分は親戚だとか親友だとか言う。ところが、一たび逆境に立つと、知らない人はもちろん、日頃、懇意にして、ほとんど莫逆《ばくげき》の友〔極めて親密な友〕らしく振る舞っていた者さえも寄りつかなくなる。逆境に立つと、人の心の浅ましさがはっきりと現れてくる。

西洋の諺に「順境に上り始めると、見ず知らずの親類が現れる」とあるが、真に名言である。日頃、事なきとき、または、遠い外国に行っている間は、慰めの言葉はもとより手紙一本さえ出さない者も、その人が金儲けでもして帰り、多少得意の境遇に立ったときには、たちまち親しい友人となり、離れがたい親戚のようになってしまうことが多い。

かつて僕は、ある人と、一時そうとうに名の聞こえた得意の人について語ったことがある。そのとき、彼はその名士を指して、「彼は私の叔父ですが……」ということを何回となく繰り返した。

この得意の人というのは、そうとうに名の聞こえた人であったが、僕はよからぬ噂《うわさ》を耳にしていたので、「ああ、そうですか。実はあの人について、私はあまりよくない噂を耳にしていますので、忠告したいと思っていますが、私は他人でもあり、よくも知りませんので、遠慮していました。君がご親戚であれば、ちょうど幸いである。忠告をしてもらえませんか」と言ったら、彼は急に態度を一変し、「いいえ、彼は叔父に当たっておりますが、それは単に義理上の……」と言って、急に疎遠らしいふりをした。

自分に都合がよく、自分に利益がある場合には、順境の人を利用するが、少しでも逆境に向かうように見えると、すぐに逃げて避けるのが人情である。こんな例はたくさんある。

とかく、相手が順境にあると、些細《ささい》なことを頼りにして近づこうとし、いったん逆境に陥ると、どんなに親しい関係の者でも、なるべく遠ざかり、知らない顔をしたがる。すべてとは言わないが、多数はこういうふうである。

ゆえに、逆境は、人の心を試すよい機会であると思う。

僕は、あえて人を責めんとするものではない。自らを振り返り、今述べたようなことを行わないだろうかと戒めているのである。もし、同郷の同姓の人が立派な身分となり、世にときめいたなら、僕は彼の元に行きはしないか。「今までは知らなかったが、君とは親類であった」と言って、提灯持ちのような、卑怯な振る舞いをしないか。人を責めて、自分もまた同じことをしていないか、と反省する。

要するに、逆境は他人の心を試す石であるのみならず、逆境には自分の精神を試す力がある。

ちなみに、逆境にいたために、かえって友情が親しく結ばれることもある。同じ盃《さかずき》で苦い酒を飲み合って結んだ友情ほど、固いものはない。故・伊藤〔博文〕公爵と井上〔馨《かおる》〕侯爵は、性質が違い、思想もやり方も同じではなかった。それでも、両氏の間の友愛が一日も変わることなく、ともに国家を第一に考えてきたのは、長年、共同で事をなし、共同の苦を受け、ともに逆境にあって結びつけられた友情が固かったためである。

キリスト教が初めて起こった頃には、迫害に迫害を受けたので、信徒の間の団結が極めて強固になったのも、当然のことである。

絶対的に頼れるものは「神」のみ

おそらく、逆境に陥った人で、「順境時代に友となった人が、逆境に陥るとともに離れ去っていった」という経験のない者はいないであろう。世間の人は無情ではないにしても、頼りにしていただけに、頼り甲斐のなさを感じるであろう。

キリストの門弟は、日頃、深くキリストを尊崇し、キリストの行く所には必ず行き、「キリストのためであれば、生死をともにする」というくらいに熱烈であったが、彼が十字架に架かったとき、極めて少数のほかは逃げ去ってしまった。僕がここにキリストのことを挙げたのは、キリスト教徒という点からではなく、これほどの艱難に遭った人は少ないと思うからである。

もとより、「捨てる神あれば、拾う神あり」と言うように、僕は「世間には、よい人もいる」と固く信じて疑わない。しかし、「もっと頼りになる人と思っていたのに、実に頼り甲斐がなかった」という気持ちになり、人を恨むことが多いのも事実である。

これは、最初から、そういう人を頼りにしたのが間違いである。頼り甲斐がなかったからといって、それで、すぐにその人を「不人情である」と判断することはできない。むしろ、甲斐なき人を頼りにした自分の愚を悟るべきである。

考えがここに至ると、向上がかなり高い段階に進んだので、宗教的人格を帯びてきたものと思われる。宗教といっても、何宗教と限るのではない。権力者、または財産家や学者であっても、「絶対的に人に頼るというのは、甲斐のないことである」と知れば、思想はすでに高いところに達したのである。

小説『不如帰《ほととぎす》』〔徳冨蘆花《とくとみろか》著〕のなかで、キリスト教徒の老婦人・小川清子《きよこ》が、薄命の浪子《なみこ》に対して、自らの悲惨にして孤独な一生の経歴を物語ったのち、「霊魂不死ということを信じてからは、死を限りと思った世の中が広くなりまして、天の父を知ってからは親を失ってまた大きな親を得たようで、愛の働きを聞いてからは、子を失《な》くしてまた大勢の子をもらった心地で、望みということを教えられてから、辛抱をするにも楽しみがつきました」と言ったのは、この境地に達したことの告白であろうと思う。

もし、これが普通の人であったなら、すでに世に捨てられたのであるから、世をはかなんで自殺するか、あるいは、天地を恨み、人間を敵視し、何事にもぶつぶつ不平を唱え、自分と世間の人に不愉快を与えたであろう。

そう思うと、逆境も見方によっては、順境よりはるかによい教訓を与えるものである。客観的に観察すると、悲しむべき、厭《いと》うべきものであるが、主観的にこれを善用する精神があれば、逆境にも、言い表せないような味わいがある。

高い所に上ることを心掛けよう

僕は、北海道にいた頃、学生に教訓を与えようとして、逆に大いに恥じたことがある。当時、学生の中に、一カ月三〇銭の裏長屋に住み、一つしかない明かりの下で粗食して、苦学している者がいた。僕は、衛生上、非常によくないと思い、忠告したら、「私の家の破れ障子《しょうじ》から見る月も、先生の書斎のガラス窓から入る月も、月に変わりはありません」と言われ、「なるほど、これは名言である」とつくづく感じた。

逆境にいる者は、心を冷静にし、「これは何だろうか」という態度で研究的に逆境を見れば、笑うべき、薄っぺらな境遇であることが分かる。

数年前、アメリカから帰る途中、太平洋上で黒雲がにわかに起こり、急にあたりが暗くなって大暴風となり、船はたちまち逆境に陥りかけた。船に強くない僕は大いに心配したが、二、三〇分のうちに船は再び順境に戻った。あまりの不思議さに、恐る恐る甲板に這い出して外を見ると、甲板の左側にはなお黒雲が一面にものすごく渦巻いていたが、右側はすでに日光がカンカンと輝いていた。実に不思議な現象であった。船長に聞いたら、「あの雲は、わずかな間、たなびいているだけだから、少し方向を転換しさえすれば、何らの危険はない」と言った。

同じく逆境にあるときも、一時ちょっとの間、わずかな周囲を〔暗闇に〕覆われることがある。これを雲に譬《たと》えると、一〇分か二〇分ぐらいのこともある。あるいは一年か二年ぐらいのこともある。または、一間四方〔約1・8㎡〕あるいは一里四方〔約4㎢〕ぐらいつきまとわれ、悩まされることもある。

しかし、少し高い所に上って見れば、雲以外、逆境以外の所に光明を見ることができる。壁一つ越えれば、順境に出ることができる。

それに反し、この狭く短い逆境内にはまって狼狽すると、にわか雨に遭い、自ら進んで黒雲に入ることになる。すなわち、自ら好んで逆境に入るのである。

ゆえに、逆境に陥ったときは、冷静に「この逆境はどのようなものか。どれほど遠くまであるものか。また、何年続くものか」を分析的に考えるとよい。そう考えるだけでも、人を悩ます逆境の力を半分以上消すことができる。

古人の言葉に、「是非交結《ぜひこうけつ》の処《ところ》、聖《しょう》もまた知ること能《あた》わず。逆順縦横《ぎゃくじゅんじゅうおう》の時、仏《ぶつ》もまた弁《べん》ずる能わず〔是と非が入り交じった所は、聖人も知ることはできない。順と逆が縦横に入り交わったとき、仏も分別することはできない〕」〔圜悟克勤《えんごこくごん》著『碧巌録《へきがんろく》』〕とある。実にその通り。いずれが逆境か、いずれが順境か、両者は分別しやすいように見えるけれども、容易な判断ではなかなか決めがたい。

東と西の分かれ目、右と左の相合う所は、はたしてどこやら……。この分別は当事者その人の心次第であろう。この区別は、おそらく、己の境遇に心を奪われている者には、とうていできないことではないだろうか。いわゆる超然として、自己の境遇以上に考えを広げ、その立場から自己の境遇を見下ろして初めて、いずれが順、いずれが逆であるかを知りうるのではないだろうか。たとえ身は境遇を脱しえなくとも、思想は自由自在に飛行しうるものであるのではないだろうか。

第二章

順境に乗じる秘訣

①順境とは何か

どんな人にも幸運の時代がある

東西の聖人の教訓中には、必ず、順境にあるときの危険が説かれている。日本の諺《ことわざ》にも「油断大敵」とあり、順境にあるときは、警戒すべきと教えている。キリストはとかく逆境に苦しんだことが多かったが、折々はいわゆる順境となり、世の中にもてはやされたこともあった。こういうときには、いっそう自ら警戒していたように思われる。人が油断するのは、とかく順境にあるときである。

では、順境とはどのようなことか。僕は、自分の欲するままに事が進行する場合を言うと思う。つまり、自分と境遇との調和がよく整ったときを言うのである。

こういう経験は、誰にでも一度や二度は必ずあるだろうと思う。諺に「犬も歩けば棒にあたる」と言う。同じ意味の諺は西洋にもある。「Every dog has its day.」（いかなる犬にも、その日がある）が、それである。

どんな不運の人も、一度は必ず繁栄の時代を経るものである。「鬼も十八、番茶も出花《でばな》」（注9）と言うように、人は一生に少なくとも一度は人生の幸福を感じることがある。人と生まれて秋に逢《あ》わない者はいないと言うが、その代わり、春に逢わない人もいない。「この世に、私みたいな不幸な人がほかにいようか」と言って嘆く者もいるが、不幸なときには、不幸に対する自覚が鋭くなるから、最も痛切に不幸の程度を感じるのである。

しかし、すべての人に、幸運の時代が必ずある。そのとき、不幸の時代と同じように〔鋭い感覚で〕迎えたならば、「我々のように幸福な人が世にいるであろうか」と思って感謝するのが当然である。

人によっては、「私も、そんなことが一度でもあれば幸福だが、生まれてから一度も、そう思ったことがない」と言う者がいる。こういう人は、自ら不幸を招いているのである。

順境とは、今述べたように、自分と周囲との関係である。ゆえに、周囲を変えることができないにしても、自分の立場を変えれば、逆境を順境に転じうることがしばしばある。

それなのに、我々凡人は、自分の立場を変えることを考えず、外部の状態や他人を変えることのみを考える。そして、外部を変えることができないときは、天がせっかく順境を与えても、それを逆境視することが多い。

やはり、たびたび述べることであるが、「転んでもただでは起きない」という諺を、よい意味に応用したい。

艱難《かんなん》に遭ったならば、「天が、私の力を試す機会を与えたのである。こういう機会は、求めても注文通りには得られない。見事この機会に乗じて手腕を磨こう」と思うことである。そうすれば、「百難も何のその」という気になる。そして、この勇気が起これば、たいていの艱難に耐えることはむしろ面白くなり、逆境は恐ろしくなくなるのみならず、順境であるかのように思われ、はなはだしく愉快を感じる。

（注9）鬼も年頃になれば美しく見え、番茶も淹《い》れたばかりのときはよい香りがすることから、「どんな人でも年頃になれば、それなりに魅力が出てくる」という意味。

②順境にいる人が注意すべき点

注意点①――傲慢《ごうまん》になりやすい

順境に立つと、順境の誘惑が出てくる。そのため、「自分は逆境にある」と覚悟していたときよりも、かえって不幸に陥ることが間々ある。僕は、少なくとも五つの危険が、順境の背後には潜んでいると思う。

まず、順境に立つ人は、ややもすれば傲慢《ごうまん》になる。いわゆる得意の人となりやすい。人に褒《ほ》められると、今までは、それほどにも思わなかった者も、妙にのぼせ上がる。人が自分のことを「学者、学者」と言うと、自分も真に偉い学者であるかのように思い、あるいは「才子《さいし》〔才知の優れた人〕である」と言うと、自分も才子であるかのように思う。

これは、単に「自分は偉い」と思うだけではない。ひいては、他人を見下し、ものを言うにも高慢となり、他人の欠点《あら》を探すことを何とも思わなくなる。人に対して無礼な振る舞いをするのは気にしないが、人が少しでも〔自分に〕無礼をすると、大いに威厳を傷つけられたかのように思う。こういう例は、世間にたくさんある。ほとんど毎日、この例を目撃しないことはない。

しかも、その変化は急激で、まったく別人を見るような思いがする。昨日まで困窮して卑屈な態度でいたのに、朝、一片の辞令書を受け取ると、その瞬間から堂々と威張って歩く者もいる。役人などに、こんな者が多い。近頃はだんだん減少してきたようであるが、それでも小役人には、こんな型の人がすこぶる多い。

もっとも、これは決して役人に限った弊害ではない。いかなる職業の人でも、少しもてはやされるようになると、たいてい傲慢心を生じやすい。度量の小さい者は、その小ささと反比例して、のぼせ上がる度が高いようである。

注意点②――職業を怠けやすい

順境にある人は、ややもすれば、その職業を怠りやすくなる。順境に安心して油断するからである。「ここまで来れば、まあよい」と、自ら満足する考えが起こって、その職を怠る。これは、あらゆる階層に、よく見受けることである。

青年学者を例に取ると、そうとうの地位を得るまでは非常に勉強もすれば、熱心に研究もする。ところが、いったん、そうとうの地位に達すると、急に大家《たいか》になりすまして、書物を読まなくなり、研究も怠りがちになりやすい。

学者などは、勉強して研究することが一番の道楽であるから、この種の人々には誘惑は比較的多くないが、ほかの職業の人は、いっそう、こうした習癖《しゅうへき》に陥りやすいようである。

なかには、自分でも怠るのは悪いと気づいている人もいる。そういう人は、「ここまで来るには、これこれの苦労があった」と過去の苦労話をし、今、怠けているることの言い訳をしようとする。そして、今はどうかというと、さらなる苦労をせずに、ずるずるしている。

こういう人に対しては、周囲の人も、怠惰を許す傾向がある。「もう、あなたもここまで達したから、何もそんなに努力しなくともよい」と言って、むしろ、怠けることを勧めているように見える。

順境にも立たず、成功もしていない僕らに対してさえ、そういうことを言う者がしばしばいることを考えると、世間には、こういう勧告を受ける人が少なくないだろうと思う。

注意点③——人の恩を忘れやすい

順境に達したのち、人の恩を忘れないことは、一方《ひとかた》ならぬ努力をもってしなければ、できにくいことである。

もとより、世間には、恩を知る人が数多くいる。僕はそのことを疑わない。しかし、「喉元《のどもと》過ぎれば熱さを忘れる」で、逆境時代には、受けた恩を忘れないものであるが、順境に達して多少得意になると、以前の苦しかった記憶がだんだん薄らぎ、受けた恩もとかく忘れがちになる。

徳川家康公の訓言に「不自由を常と思えば不足なし」とあるが、人は、不自由の時代に受けた恩を、自由になるとたちまち忘却しやすい。「今日《こんにち》、このような恩典《おんてん》〔有利な扱い〕を受けたのは、または順境になったのは、他人の力ではない。すべて自分の力である」と、功を自分に帰したがる傾向がある。

たとえば、たいそう困窮しているときに、知人の元へ行って職業の斡旋《あっせん》を求める。知人は、自ら職を与えることができないために、友人に諮《はか》って、ともかくこの人のために斡旋する。あるいは、この人のために、紹介状を付けるなり、有力者に紹介するなりして、職業に就けるようにしてやる。

そうして、彼が幸いに職業に就き、ますます順境に進むようになると、かつて知人より紹介してもらったことはすべて忘れ、こうなったのは自分一人の力であると思う。

もちろん、彼自身に力量がなければ、紹介があっても、順境に達することはできなかったであろう。しかし、力量を発揮する端緒または基礎をなしたのは、紹介状である。

それなのに、その紹介状のことは忘れないまでも、極めて軽く思い、「世話をしてくれたのは大したことではない。手紙一本を書いてくれたにすぎない。忙しいといっても、わずか一〇分もかからなかった」とか、「私のために奔走したというが、二、三日、車で走ったにすぎない。そのくらいのことをするのは当然である」とかいうふうに考えたがるものである。

元来、人は、他人が自分のためにしてくれたことを低く評価し、〔自分が〕人のためにしたことを過大に計算したがるものである。

僕が以前、故・伊藤〔博文《ひろぶみ》〕公爵に会ったとき、公は、今日あるに至った経緯を述べられた中で、「今の自分があるのは、村の学校の先生〔吉田松陰のことと思われる〕に負うところが大きい」と話された。この心が尊いのである。また、公が公として偉い所以《ゆえん》である。

たいていの人は、こういうことを忘れやすい。はなはだしい場合には、かえってその人を恨み、「あのとき、先生がもっとよく教えてくれたなら」と嫌みを述べる者さえいる。この点において、公はさすがに時流に傑出したところがあった。

注意点④——不平を漏らしやすくなる

順境に向かうと、とかく不平を漏らしやすくなる。これは前に、「傲慢となり、得意になる」と述べたのと矛盾するように聞こえるであろうが、実際は、そうではないと思う。

数年前、僕はフランス革命に関する書物を読んだとき、次のような内容を見た。その要点は、「かの有名な出来事は、一般に『フランス国民が深く困窮に陥り、その苦しまぎれに残酷な企てをした』と説くのが常であるが、詳《つまび》らかに当時の歴史を調べると、実際はそうではない。フランス国民が困窮したのは革命以前のことである。当時の状態は、多少なりとも改善に向かいつつあり、教育も進み、産業も発展に向かいつつあった。革命はこういうときに起こったのである。頭が上がらない程の圧制を受け、国民がぐうともすうとも言えないときは、革命が起こる余裕はない。革命が起こるのは、国民が元気づいて、血が沸くときである」というものである。僕は、さもありそうなことと思った。

個人の場合も、そうであろうと思う。人のやり方を傍《はた》からじっくりと見ていると、非常に逆境に陥ったときは、小言を言わないわけではないが、その声はいかにも低く、いわば、つぶやくのである。声が枯れて他人に聞こえない。内にある不平を外に現すだけの元気がない。ただしょぼんとしてしまう。

それが少し順境に向かいかけると、不平の声を漏らし、その行為にも慎みが少なくなり、「最近は少し調子がいいです」と言って、順境になったことをありがたいと思わず、「なに、この程度のことはどうにでもなる」と言って、自分にははるかによくなる権利でもあるかのように、わがまま勝手を言い出す恐れがある。

注意点⑤——調子に乗りやすい

順境に立つと、いわゆる調子に乗る恐れがある。これは、前に述べたことと関連している。順境にあって、不平不満を唱えるというのは、消極的である。ところが、それを一歩進めると積極的となって、調子づいてくる。

たとえば、しなくてもよいことをする。してはならないことに手を出す。あるいは、それまで面白くないと思っていた鬱憤《うっぷん》を晴らすために、人を害することをする。単純な考えから、人生は与《くみ》しやすいと思って、軽率に事を企てる。これらはよく見ることで、特に青年実業家に最も多いように見受けられる。

僕が実際に目撃した例も少なくない。

逆境時代には細心に言動を慎んでいたから、「この人ならば、まず確かだ」と思い、彼のために尽力して、ある地位を与えると、すぐに得意になって、要らぬことにまで口を挟み、己を慎むことを忘れる者がいる。

また、「機会に乗じる」という言葉を乱用して、せっかく順境になりかけたのに、調子づいたために踏み外し、たちまち逆境に転落してしまう者も多い。

③順境に対処するには

徳川家康公の遺訓に学ぶ「順境時の心得」

徳川家康公の遺訓は、みなが知っている通り、広く世に伝わり、英語にも翻訳され、誰でも知っているが、その全文を左に掲げる。

「人の一生は重荷を負いて遠き道を行くが如し。急ぐべからず。不自由を常と思えば不足なし。心に望み起こらば、困窮したるときを思い出すべし。堪忍《かんにん》は無事長久《ぶじちょうきゅう》〔平穏な状態が長く続くこと〕の基《もとい》。怒りは敵と思え。勝つことばかり知って、負けることを知らざれば、害その身に至る。己を責めて、人を責めるな。及ばざるは、過ぎたるよりまされり」。

この遺訓を味わうにあたり、少なくとも三段階あるように思われる。

第一は、一読して文字が示すように、簡単明瞭《めいりょう》に理解するのである。優美なところもあり、深遠な趣《おもむき》もあるようだが、浅く考えても理解できる。いわば「誠によくできています」というくらいの批評。この段階における解釈が、最も広く行われている。僕もまたその一人である。

しかるに、僕は数年前、ある席で島田三郎氏〈明治・大正時代の政治家〉と一緒になったとき、島田先生のされた談話を今も記憶している。曰《いわ》く「私はあの言葉がよいと思い、勝海舟翁にご依頼して揮毫《きごう》を乞《こ》い、室内に掲げて毎日見ている。が、近頃になって考えると、どうもこの言葉には消極的なところがあって、物足りなく思う」と。

僕も、この言葉を聞き、「なるほど、そうである。今まで自分も気づかずにいたが、もっともな説である」と思って先生の説に敬服し、その後、人にもこのことを語り、自分も折々この遺訓を見るたびに、先生の話を思い出した。これは、第二段階に進んだ解釈であろうと思う。

さらに、極めて最近になって、僕は、もう一歩進んだ解釈があるのではないかと思うようになった。あえて「島田先生より一歩進んだ考えがある」と言うつもりはない。自分では第二の解釈さえも、近頃得たぐらいであるから……。しかし、家康公ほどの地位に至らなくとも、いわゆる成功した人、すなわち、数多くの逆境をくぐり抜け、長い間、順境にいた人にして初めて、あの教訓が出るのではなかろうか。

というのは、この教訓には、「順境を乱用するな」という意味が含まれているからである。一方では、「消極的に逆境を利用せよ」という意味があるとともに、他方では、「順境を善用せよ」ということが含まれているように思われる。これは、長く順境にいて、順境の誘惑を感じた者でなければ、道破することのできないことであろう。

家康公から学ぶ「水面下の努力」

家康公は、順境に達しただけでは、決して事足れりとはしなかった。順境の義務があることを決して忘れなかった。その義務を行えばこそ、人が動物と違う証拠ともなるのである。

我々順境に達せない者から見ると、順境の境遇にある人は、実にわがまま勝手ができるように思われるが、その裏面を探ると、反対にますます努力している。また、努力しなければ、たちまち順境から逆境に陥ってしまう。ゆえに、足に暇なき水鳥の譬《たと》えのように、寸暇《すんか》もなく働いていなければならない。

なぜなら、一段上の名誉を得ると、それに伴う責任が増し、二段上がれば二段増し、上がれば上がるほど、ますますそれに伴う責任が重くなるからである。傍観者の目には、何の苦もないように映るが、それは真実を知らないのである。

自らの心が堕落しないように注意せよ

「境遇がよくなると同時に、心の中が悪くなる」というのは常に見ることである。「財が増えれば、ますます貪欲《とんよく》の念が起こり、病が癒えれば、ますます欲望を逞《たくま》しくする」というのは、誰にもありがちなことである。

それにつけて思い出す日本の昔話がある。

昔、ある金持ちが重症に罹《かか》って病状が日に日に悪くなり、とても再び立つことができそうになくなった。親類一同が深く心配し、万一の場合はどうするかという相談を開いたところ、「ともかく、まずは病気の見込みについて、医者の診察を聞かなければならない」ということで、費用に構わず、遠方から名高い名医を迎え、治療を乞うた。

おかげで、病気はおいおい快方に向かい、日増しによくなり、もはや数日ならずして床上《とこあ》げしようというようになった。このとき、主人は、番頭を呼び、「金を五〇〇〇両包んで、医者にお礼をしてもらいたい」と言った。

番頭が「五〇〇〇両は多すぎでしょう。そんなに贈る必要もありますまい。また、それほどお急ぎにならなくともよいでしょう。もう程なく床上げをなさるのですから、そのときになさってはいかがですか」と答えると、主人は「自分もそう思わないでもないが、このたびの重症で、『とうてい回復の見込みがない』と言われたときには、この病気が治りさえすれば、すべての財産を擲《なげう》ってもよいと思った。ところが、今の医者が来たおかげで気分が少しよくなり、回復の見込みがつくと、一〇万両を出しても命が欲しいと思い、翌日また少しよくなると、七万両でよかろうと思い、そうして病気がよくなるに従い、医者にお礼をしようと思う金額がだんだん少なくなってきた。もし全快してしまえば、五〇〇〇両はさておき、一〇〇両のお礼もどうかと思う。そうなっては、医者に対する感謝の念に背《そむ》くし、自分の心にも済まない。そこで、全快に先立ってお礼をしたい」と言ったという。

少し順境に進むと、人は自分勝手な考えを起こすものである。一時、「この災いを取り除けたら、どんなことでもする」と思っても、災難が薄らぐとともに、その決意が弱くなる。そして、災いを除いてくれた人に対する感謝の念が次第に消え、同時に欲心が出てきて、一時は惜しくも思わなかった金が惜しまれ、ほとんど捨てられた名誉も欲しくなるのみならず、少し油断すると、人の名誉を傷つけてまでも、自分の名誉を上げたくなる。

順境に進むに従い、その心が堕落することは、しばしば見ることである。

行き先を忘れることなく、坦々《たんたん》と進もう

順境とは、とりもなおさず、得手《えて》に帆を揚げて進むあり様を言うから、風に任せて船を走らせるのが順当であろう。

しかし、いかに順風であるといっても、船頭は、無意識的に風に任せていくこ

とはしない。風のまにまに流れていくなら、他の船も同じく、風に吹かれて同じ方向に行く。そして、「他の船も、また他の船も」という具合に、速度も方向も同じくして進んだなら、いかに広い大海でも、ある一部分だけに船が集まり、船が船に乗り上げ、お互いに争いを起こすことにならないだろうか。

すなわち、「両雄並び立たず」というのも、得意な大将が二人いて、順風に帆を張って同じ方向に行こうとするなら、並んでは行けないということを教えたものである。

ゆえに、得手に帆を揚げるにも、巧みに舵《かじ》を取って、船を導くことを心得なければならない。

しかも、風というものは、いかに順風でも、決して帆のみに当たるものではない。帆に当たるとともに、水にも当たって波を起こす。ゆえに、舵を巧みに取って進むとともに、この波に対しても注意しなければならない。

特に、行き先を忘れないように心掛けたい。誰の経験にもあろうが、旅行の途中で、何か非常に気に入ったことがあると、道草を食いたくなる。そういう場合には、「こうすれば、後日どうなるか」と深く考える必要がある。古人の言葉にも、「功成《こうな》り行満《こうみ》つるの士《し》は、その末路を観《み》んことを要す〔成功した人は、その行く末を見定めておくことが必要である〕」〔洪自誠《こうじせい》著『菜根譚《さいこんたん》』〕とある。恥ずかしいことであるが、また僕の経験談をする。

僕は、若い頃、洋行することを生涯の理想のように思い、いよいよ希望が叶って横浜からアメリカ行きの船に乗り込んだときは、天国に行くような心地がした。汽笛とともに船が港を出たときは、あたかも順風に乗るかのように、自分でも得意に思っていたが、数時間もしないうちに船は揺れ始め、二、三日間、船酔いで食事をすることもできずに苦しんでいた。「ああ、誤った。こんなに苦しむなら、日本を去らなければよかった」と思った。

他人からは、「あの人は得手に帆を揚げて、一時間に何マイルという速力で進みつつある」と羨《うらや》ましく見えたであろう。ところが、得意らしく思われた余の船中の苦しみは、一方ならぬものであった。

外部から見れば、確かに順風にいるように見えても、その順風に乗じて進むためには、容易ならぬ苦心が要る。浮き沈みで船酔いしないよう、少し上に上がったとしても得意にならず、また、沈んだとしても怒《いか》ったり他人を恨んだりしないことである。心を動かさずして平坦に進むことが、いわゆる順風に対処する秘訣であろうと思う。

畏《おそ》れ多くも、今上陛下《きんじょう》〔明治天皇〕の御製《ぎょせい》に、我々が日々の心得とすべき教訓がある。

波風の静かなる日も船人《ふなびと》は
　舵に心を許さざらなん
取る棹《さお》の心長くぞ漕《こ》ぎ寄せん
　芦間《あしま》の小舟さはりあるとも

第三章

どんな道を歩むべきか

道とは何か

後鳥羽《ごとば》天皇の御製《ぎょせい》に、次のようなものがある。

奥山のおどろが下《もと》も踏み分けて

道ある世ぞと人に知らせん

この意味は、「道は自然にできていない。自分が〔奥山の藪《やぶ》の下をも〕踏み分けて、初めて世の中に道があることを知らせよう」と理解することができる。

道が自然にできているのとは違う。もっとも、地勢上、道をつくれば便利という所はあろう。しかし、人が足を入れて道とするまでは、道とはならない。自然がここにつくっているというだけで、何もしなければ、道とは言えない。ある起点と起点との間を何度も歩いて初めて、道が構成されるのではないだろうか。

さらに一歩を進めて言えば、道というものは、人以外にあるものではない。各人が、それぞれの脚下に持っているものではないかと思う。持っているというよりは、むしろ、やっている行為、歩くこと、行くこと、進むことである。一人でやるのも道であるが、大勢でやれば各人のやり方が容易になるので、ついには大勢が行く所だけを踏むようになって、そこに道が現出するかと思われる。

すなわち、道は、各人の心にある。各人の心の至る所が、道である。「道を弘《ひろ》める」と言うときの道も客観的なものではない。各人の心の中に道がある。これをどこまでも踏んでいけば、みな道になる。換言すれば、個人、周囲、社会に対して、あるいは、天地に対して、正しいと思うことを行っていく。それが道というものであろう。

道には、高い低いの段階がある

世を渡るということは、非常に漠然とした意味に用いられているが、僕は、「自分以外の多数の人と共同に生きる」という意味に理解している。

ならば、どういう考えで世を渡るのがよいか。その心得は何かと問えば、あくせくして勤勉・貯蓄主義で世を渡ることを心得とする人もいれば、「飲めよ、食らえよ」で宵越《よいご》しの金を持たないという心得の人もいる。

世を見ることにおいても同じで、「人生はわずかに五〇年だ。太く短くこの世を渡ろう」という人もいれば、反対に、「なるべく長く細く渡ろう」という心得の人もいる。

どうして人の考えはこうも違うのだろう。なぜ世の中を見ることに、こうも差があるのだろう。それにはいろいろな理由があろう。たとえば、生まれつき、楽天主義に生まれた人もいれば、その反対の性質を持って生まれた人もいる。なかには、身体の具合で考えを異にすることもあろうし、苦い経験のために急に考えを変えることもあろう。

そういう、さまざまの理由もあろうが、僕がここで述べんとすることは、「世渡りにおいて、各人の歩く道にはいろいろな段階があり、世を見ることもまた高い所を歩くか、低い所を歩くかによって違いがあるのではないか」ということである。

この世の中は、誰もが一緒に通っていく〝大きな広い道〟であるけれども、その中には段階があって、高い所を歩く者と、低い所を歩く者がいると思う。

人生の理想を職業以上のところに置こう

秋風が吹くと、木の葉が落ちる。一枚の葉が飛ぶのを見て、「木の葉よりも力の大きなものがあればこそ、これが飛ぶ」ということが分かる。葉が飛ぶのは、葉を飛ばす力がある証拠である。

また、天の星が飛んだならば、星を動かすだけの力があったからである。動かされるものより、偉大なる力がなければ、動かすことはできない。

同様に、職業的道徳をよく守り、それを真っ直ぐに行う商人がいたならば、職業道徳より以上の徳義心《とくぎしん》〔道徳上の義務を重んじる心〕のある人と言わなければならない。その心がなければ、職業道徳も守れるものではない。職業の道だけ歩もうと思っても、理想を高いところに置かなければ、ごく簡単な道徳さえも守りえないと思う。

世の中に少し偉いことをする人、思い切ったことをなす人は、その多くが宗教家である。宗教家といっても、仏教とかキリスト教とかに限るわけではない。「己を捨て、己の心や己の力を他に捧げて一任してしまい、己の身体生命はどうにも勝手にしてください」というような、キリスト教で言えば、「一身を天に任せ、殺すも生かすも神の御心に任せる」というような、自分よりはるかに偉大なる力を受けた者でなければ、普通一般人が驚くような仕事はできないのである。

ゆえに、偉い人をいろいろと研究してみると、どこかに確信がある。「この人がこう言ったから、こちらにつく。ああ言ったから、あちらにつく」というような、どっちつかずにやっている人とは、一目《いちもく》して違うことが分かる。

そこで、私は、一人ひとりが職業を営みつつ世を渡るにあたり心得るべきことは、職業以上のところに考えを置き、その大きなところから割り出して、世渡りしなければならないということだと思う。

理想を胸に秘め、日々、力を蓄える

大きな考えを持って世渡りすることは、なかなか面倒なものである。

たとえば、やかんを持って世を渡ろうと思うと、やかんを持つだけの力しか発達しない。ところが、「やかんを持つことが自分の職業なら、さらに手桶《ておけ》の二つ三つは背負っていこう。担《かつ》いでいこう」という考えを持てば、やかんを持つことは造作もなくなる。

ゆえに、自分の職業より大きなところに目を付けて、世渡りしたいと思う。

こう言うと、不満の心が起こるようなことがあるのではないかという心配が出てくる。手桶を持てるだけの力を養って、やかんを持っていると、始終、不平を言うようにならないだろうか。「俺はこのくらいの手腕があるのに、こんなことに使われている。ああ、つまらない」「俺は大臣になれる技量があるのに、わずかにここで属官《ぞっかん》〔下級役人〕をしている。はなはだ遺憾である」という不平を起こす心配が出てくる。ここが、世渡りの最も大事なところであろうと思う。

こういう思想が起こるのは、僕の言う「職業以上のところに目を付けろ」という意味が徹底していないからである。僕の意図するところでは、考えを広く持って行えば、することが小さなことであっても、「大きな理想の一部を実行しているのだ」と思うようになるはずである。

やかんを持っていくけれども、やかんだけではなく、水を持っていくことが、その目的である。今は、やかんという器に入れて持っていくが、御用があって、もっと多くの水が要る場合には、手桶で持っていかなければならない。場合によっては、大きな樽《たる》を担《にな》っていかなければならない。

さしあたり四畳半の部屋に樽を持っていく必要はないから、今はやかんにするが、必要な場合に備え、桶でも大きな樽でも持っていけるだけの力を養っておかなければならない。

「今、私に受付のようなつまらない役をさせているが、御用があれば、何でもしましょう。できることなら何でも致しましょう。大臣が御用とあらば、大臣にもなりましょう」というくらいの見識と思想、かつ力を蓄え養うことを心掛けているべきだと思う。

「大きな樽を持つ力があるのに、今、必要とされていない」と不平を言うような者は、いまだその力を養っていないのである。僕としては、「日頃、力を養っておいて、御用のときには、いつでもこれを出そう」という、力の蓄え方を心得ていたいと思う。

秀吉に学ぶ処世術

若い人が何か職業に就くと、大変不平を言う。「こういう手腕を持っている者をこんなところで使うのは、適材を適所に用いていない。俺を社長に使ったならば……」と言うが、はたして社長に使うだけの技量があるかどうか。

まずは、今の地位にいて、「彼は何をやらせてもすぐに捌《さば》く。何を書かせても書ける。議論すれば筋道が通っている。何をやらせても、できないことはない」と言われるようにならなければならない。

秀吉は、信長の家来であったとき、草履《ぞうり》を懐の中に入れて温めているような理想的な草履持ちであった。若侍にすれば、また理想的な若侍になる。大名にすれば、理想的な大名になる。なぜかというと、自分の職業をちゃんとやり、低い道を歩いているが、思想は高いところにあったからである。

「草履持ちはつまらない」と胸の内では思っていても、一躍、大名になることはできない。分かりきったことではあるが、たいていは、その分かりきったことが分からず、不平を言う。あるいは、社長に対して、あれこれ言ってみたり、同僚のことを言ってみたりして、自分の職業に満足しない。不平ばかり持ち出してくる。こうなると、悪いことをしても、悪いと思わない。つむじ曲がりになると見えて、すべての基準が違ってくる。

給料が上がる人はどういうタイプか

僕はかつて、「中学校か何かの教師が、教室で生徒から質問を受けたとき、『今の月給では、それは説明できない』と口癖のように言っていた」という話を聞いたことがある。

また、「君、できるもんかね。金をもう少し出してくれるなら、もう少し発奮できるけれど……。ということで、ちょうど月給だけの働きをしている」と、嫌みを言う者がいる。役人などにはよくあることである。

僕も、人を使ってみたことがあるが、そういう場合、もっと金をやったら、もっとよく働くのであろうか。その見極めはなかなかつかない。

その人が憎いわけではないが、金をやったところで、ああいうふうでは、とても難しいと思われる。結局、月給を上げるのは後回しになる。

しかし、金のことなど考えずによく働いていれば、「あれは感心だ」ということで、月給を上げてやりたくなる。また、実際、早く昇進するに違いない。

僕が人を使っていた頃のことである。金を与えるとすぐに使い果たして常に貧乏し、ついには「破廉恥罪《はれんちざい》を犯してくれなければよいが」と心配するくらい、金を浪費する人がいた。

間接的に忠告すると、「今の月給では、貯めたところで知れたものだ。もう少し月給を貰わなければ、貯蓄する余地がない」と言う。それなら、そういう人の月給を増やしてやればよいかというと、増やしてやればますます使う。自然と「月給を上げないほうがよい」と思うようになる。

これに対して、俸給《ほうきゅう》はわずかでも、貯蓄するとか、親に送るとか、子に送るとかすると、〔上司は〕「彼は感心だ。いかにも金を生産的に使う」と思うから、その人に好意を表したくなる。そして、月給を上げる時期が来れば、上司は多少の手加減をする余地があるから、不平を言わず一生懸命に自分の職業を務める者がだんだんに上がっていく。

お金以上の考えを持て

真面目に自分の職業を務める者は、全員とは言わないが、たいてい、日頃、自分の職業以上の思想を養っているものである。

イギリス人は、よく「アメリカ人はいろいろな事業を起こすが、彼らは拝金宗だ。金を欲しがる国民だ」と言う。しかし、ただ金が欲しいというだけで、事業が起こるものではない。金以上の考えがなければ、事業は起こらない。

また、「イギリス、アメリカ、ドイツなどで国が盛んになり、教育が広く行われているのは、金があるからだ」と言う者もいるが、金があるから国が進むというのは、決して当たっていないと思う。その上に、もう一つ、大きな考えがないといけない。

これは、個人にあてはめても同じである。たとえば、「俺は新聞記者」「俺は学校の教師」「俺は八百屋」「俺は酒屋」というように、自分の職業だけしか考えず、ほかに考えを持たなければ、とてもその職業を全うすることはできない。それ以上のところに考えを置かなければならない。

これが、この世を渡るときに心得るべき点であろうと思う。すなわち、高い道を行こう。高いところに目的を置いて、世渡りしたい。

ところが、世間を見ると、普通、自分がなさなければならないことを、小言を言いながら、嫌々どうにかしてやっていく者が多いらしい。職業以上の高いところに目的を置く者が少ない。その余裕のある者が乏しいように思う。

しかし、商人なら商人として、その目的通りに完全に行おうとするなら、さらに一歩を進め、人として恥ずかしくないだけのことをして、世渡りしなければならないと思う。

先日、磯間良甫《いそまりょうほ》〔江戸時代の心学者〕という人の書いた『国恩教諭録《こくおんきょうゆろく》』という書を見たら、その中に、我が意を得たる一句があった。ここに掲げて参考とする。

「賞なしとも怠らざるは、上《かみ》を敬い仕うるの礼なり。これは人にのみ仕うるにあらず、我が天道に仕うる冥理《めいり》と心得、なるたけの実意を尽くすは、信を守るの至りなるべし〔褒美《ほうび》がなくても怠らないのは、お上《かみ》を敬い仕える礼である。これは人だけでなく天に仕える道理であると心得て、精いっぱい誠意を尽くすことは、信を守ることの極みである〕」と。

僕としては、ここまで行きたい

僕は、自分の希望《のぞみ》または職業を身に表したくないような気がする。「あの人は何だか新聞屋みたいである」「あの人は何だか役人みたいだ」「何だか医者みたいだ」「坊主みたいだ」というように、自分の職業を身に表したくない。

これは、それぞれの専門に、はなはだ不忠実のようである。〔仕事を離れた日常においても〕落語家がよくしゃべるように、あるいは、屋根屋がいつも釘《くぎ》を打つような動作をするように、心および身体がその職業を表示することは、職業にちょっと忠義のようであるが、それは低いほうの道の忠義で、高いほうを知らないのであろう。

僕はむしろ、「何者かは分からないが、人間であることだけは確かだ」というように思われたい。人間として世を渡る以上は、〔職業が身に表れる段階から〕もう一歩進めて、「職業があろうがなかろうが、用いられようが用いられまいが、そんなことは構わない。鍬《くわ》を持っていても、筆を手にしていても、雑誌記者だろうが、新聞記者だろうが、肥桶《こえおけ》を担いでいようが、何だろうが、人間として世を渡るときは、社会を脱しても、社会から爪弾《つまはじ》きにされても、人間として僕は僕で行く」というようになりたい。このくらいまで行けたなら、しめたものだ。

ダルマのように、蹴飛ばされても転ばないようになりたい。どれほどの辱《はずかし》めを受けても、僕は僕で行かなければならない。

「人を恨まず。天を恨まず。毀誉褒貶《きよほうへん》は気にしない。職業はどうであっても、一個人として、人間として世を渡るに、天を楽しみ、地を楽しむ」というようになれば、実に満足な愉快な人であろうと思う。そこまで行くくらいの考えで生きたならば、「どうだ。こうだ」という小さな不平はなくなってしまうのではなかろうか。

第四章

黙思のすすめ

① 黙思《もくし》とは何か

精神的な栄養を取ること

僕はこれまで田舎暮らしばかりしてきた。東京に来てから、まだ三年にしかならない。が、見るところ、今日《こんにち》の東京は日本を代表し、「日本はすなわち東京」というように、国民の生活の標準は東京にあると思われる。

もし、今の東京の生活方法が、日本人の生活の標準であるとすれば、修養上、望ましくない点が少なくないと思う。

たとえば、早朝、来客から突然寝込みを襲われ、朝飯前に人と接見し、または、客を待たせて朝飯を食べなければならないことがある。事務所に出勤した後も、人は遠慮なしに来訪し、閑談《かんだん》する。夜になっても同じである。一週間の休息日である日曜日でさえも、客は早朝から詰めかけてくる。決してゆるゆると休息させない。日本人の生活がこのように不秩序であっては、身体も疲労すれば、精神も疲れてしまう。

身体の疲労を慰めるためには、適度な食事を取って、栄養を増進する必要がある。精神もまた肉体と異なることなく、常に適当な食物を与えて、精神的な飢えを防がなければならない。

ところが、現在の東京の生活方法には、この精神的食物を取る余裕がまったく欠けているとしか思えない。静かな所に引きこもり、瞑界《めいかい》〔瞑想《めいそう》の世界〕に遊ぶことが、東京の生活ではできないようになっている。

田舎の山中にでも住んでいれば、できないこともなかろうが、そこの人々は、はたして山の中で静かに瞑界に遊ぶことを楽しみとしているだろうか。機会があり次第、東京に出掛けて、喧騒《けんそう》な、厄介な、うるさい潮流の中に浮沈することを希望しているのではないだろうか。こういう生活状態では、都会はもちろん、山の中にいても、精神的食物を静かに取ることはできないであろう。〔『自分に克つための習慣』第四章で述べた〕発心《ほっしん》を継続することも、黙思《もくし》することなく、いたずらに行っていたら、とうてい、その目的を遂げることはできないのではないか。

大伸《たいしん》の前には、大屈《たいくつ》がある〔大きく伸びる前には、大きく屈《かが》む〕。大いに発心する前には、大いに沈黙する必要がある。発心を継続していくには、単に惰性の力のみで進むことはできない。継続の途中で弛《たゆ》む心が起こったときには、自ら励まし、自ら奮って、静思沈黙することが必要である。

それゆえ、昔の聖人賢人は「日に三たび吾《わ》が身を省みる」〔孔子の弟子・曾子《そうし》の言葉〕と言っている。折々に自分のことを省みるには、黙思が必要である。

キリストは「汝が祈るときは、一室に籠《こ》もって戸を閉ざせ」と教えた。祈禱《きとう》というと、「宗教臭くなる」「迷信である」と言う人がいるかもしれない。もし、そういう人がいるならば、祈禱という言葉を用いなくともよい。ここで祈りというのは、何も、天に向かい、自分の注文の目録を読み上げることではない。天地の霊と交わるという意味である。相手は人間ではない。人間以上のものと交わるのである。

たとえ世間から褒《ほ》められたからといって、それでいい気になるのは大間違いである。その代わり、世間から誹《そし》られても、決してそれに屈するな。人間以上のものが、汝の耳に何か囁《ささや》いている。何と言っているか、その声を聞け。というように解釈すれば、祈禱といっても決して迷信にはならないだろう。

また、「祈禱という言葉が宗教的で気に食わない」と言うなら、ほかの好きな言葉を用いればよい。僕がここで言いたいことは、絶えず沈思黙考することの必要性であり、それを説こうとしているにすぎない。

心が落ち着き、仕事の効率が上がる

最近届いた外国の雑誌の中に、労働問題解決の一手段として面白いことが書かれていた。

それは、ベルギーの僧侶の発明によるもので、一年に一回とか、一カ月に一回とか、多数の労働者を寺院内に集め、静思して修養に精進させるという方法である。この方法は、実験の結果、すこぶるよい成績を挙げたということである。

言うまでもなく、職工《しょっこう》とか工女《こうじょ》とかは、未明から夕暮れまで工場内で営々として働いている。ガヤガヤしている所は、人間であるか否かさえも分からないくらいである。その世間のガヤガヤから引っ込めて、静かに黙思させることは、心の修養に役立つことが多大である。

精神ばかりではない。体も強壮となり、労働者として落ち着きが出てくる。落ち着くから判断が明瞭《めいりょう》となる。体がよくなり、判断が明らかとなるから、労働の効果が増加する。したがって、たとえ多少の時間を割いて休息を与えても、その結果、雇い主は少しも損失がない。かえって利益を得るという。そう書いてあったが、さもあろうと思う。

労働者でさえ、黙思の効能があることは今述べた通りである。ましてや、心を労する人々はなおさらのことである。「忙しい、忙しい」と言って、毎日の仕事にあくせくして少しの余裕もなければ、命の根が枯れてしまうように思われる。

僕は、北海道にいた頃、清い小川の河畔《かはん》を逍遥《しょうよう》して、明るい満月と語ることもあり、また、きらきらと輝く星々を眺めて、心を安めたこともある。一日、世間の喧騒と接触していても、この天地に逍遥すると、まったく浮世を離れ、天国に遊ぶ思いがした。

今日でも、月や星は依然として天空にかかっている。清く澄み、何か語りたそうに見える。しかし、周囲がざわついているので、それができない。できないというのは、恥ずかしながら、僕の修養がまだ足りないからである。それでも、僕は、一日のうち一〇分でもよい、否、せめて五分でもよい、その間だけは世の中を去り、喧騒から離れて、静かに沈黙することが必要であると信じる。

忙しさにあって、冷静さを保つ

恥ずかしい話であるが、僕は日頃忙しく、せかせかしていて、長く黙思することができない。しかし、「忙しければ忙しいほど、ますます黙思する必要がある」ということは知っている。

僕は幼年時代にこういう話を聞いた。僕の祖父が、あるとき、禅僧に向かって「坐禅《ざぜん》とはどういうものか」と聞くと、その僧は「坐禅といっても結跏趺坐《けっかふざ》することではない。お武家さんでも、さあというときには、すべて実行していることである。たとえば、武士が敵味方に分かれ、刃を抜いて斬り合うときは、どんなに大胆な人でもほとんど夢中になって、相手の姿も分からなければ、自分の立場も分からなくなり、敵の隙《すき》を見て、付け入ることもできない。しかし、このとき、一歩退いてみると、たちまち相手の隙が見え、心が持ち直される。この一歩退く工夫をするのが、すなわち坐禅である」と言ったそうである。

このように、奮闘的生活から一歩退いて、静かに自分の身の上を心の中で反省し、自分の態度を正すのが、一種の坐禅ではないだろうか。つまり、坐禅というのは、静かに世の中を去って黙思することである。

いかに忙しくても、ちょっとの間《ま》はつくることができる。これは、ちょっとした心掛けでできることであろうと思う。「忙しい、忙しい」と言うが、外部の忙しさのために、精神までも忙しくする必要もなければ、また、忙しくさせないこともできる。

② 黙思の方法

最初は時間を決めたほうがよい

僕は読書が好きで、手に触れた書物はすべて考えずに読む癖があった。考えなしに多読したため、読書の結果が役に立つことが少なく、労力に比べて成果が乏しかった〔効果的な読書法については、『自分に克つための習慣』第九章参照〕。

それと同じく、黙思は大切なことであるが、黙思するにもおのずから方法がありそうだ。長く練習した人は別として、僕ら初学者には何か方法が要るようだ。

まず、最初の間は、時間を決めずにやるよりも、一定の時間を限って行うのがよいと思う。たとえば、朝起きてからの五分とか一〇分とかいうように時間を限って、自分の部屋に引き込んで黙思する。その間は、どんな用事があっても話を交えない。人が来ても、電話がかかっても、取り次がせない。この五分か一〇分かの間は、まったく世の中から離れて、他人を室内に出入りさせない。

朝ではなく、一日の仕事を終えて就寝する前でもよい。床《とこ》の上で明かりを消して、独り静かに黙思する。あたりがひっそりと静まったとき、静かに黙思すれば、身はまったく世間を超脱するであろう。

時刻はいつと限ることはないが、最初は時間を決めて行うのがよい。「形式的すぎる」と言って笑う者がいるかもしれない。しかし、我々凡夫が、あることを行って自分のものとするまでは、形式的ながらも時間を決めるのがよいと思う。「黙思さえすればよい。寝転んでも、あぐらを組んでも構わない」と思う者もいるが、僕は、黙思のときは、必ず姿勢を正しくしなければならないと思う。

寝る前にやるのであれば、寝巻きを着ていてもよい。必ずしも礼服を着る必要はないが、姿勢は必ず正しくしたい。あぐらを組むにしても、ちゃんと足を組むならよかろう。いずれにしても、姿勢が決まらないというのは悪い。

「蜂は暗闇でなければ、蜜をつくらぬ」

次には、黙思する場所を決めておくのがよいと思う。

文豪カーライル〔イギリスの思想家〕の金言に、「蜂は暗闇でなければ、蜜をつくらぬ。脳は沈黙でなければ、思想を生ぜぬ〔Bees will not work except in darkness; Thought will not work except in Silence.〕」とある。

沈黙にも、内部と外部との二種類の区別がある。最も大切なのは、内部の沈黙であることに違いないが、外部の沈黙も必要である。やはり、内部の沈黙は、ある程度まで、外部の沈黙によって助けられるものである。

喧騒の地にいても、耳を閉ざし、目を閉じ、自分独りとなり、自分の周囲に一つの神聖な圏（セイクリッド・サークル）をつくって、「ただ我のみ」という境地を自由自在につくることができるようになれば、外部の沈黙は要らない。しかし、この境地に至るには、多大なる修養が要る。我々凡人は、これを心掛けることは不可能ではないが、容易ではない。

したがって、ある程度に達するまでは、補助として、外部の沈黙がすこぶる必要である。

外部の沈黙というが、各自が人家を離れた山間で自然を楽しむことは、望んでもできないことである。仮に、すべての人が山間の閑静な所に家を持ちうるとしても、日本の家屋は障子《しょうじ》や襖《ふすま》を用いているから、必ずしも、外部の沈黙を保つ保障とすることはできない。

一家こぞって黙思を守ることはよいことであるが、我が国の今日の生活状態では、その実行はおぼつかない。仕方がないから、一人であっても、朝早くとか夜遅くとかにやる以外にない。

場所は、祖先の位牌《いはい》に対してでもよい。両親の写真に向かってでもよい。尊敬する人の肖像に対して、同席しているつもりで行ってもよい。日頃、心に刻んでいる金言を書いた掛け物を相手にしてもよい。

また、家ではできないのなら、屋外に出るのもよい。毎日できないにしても、日本には、屋外で行うのに適した場所がたくさんある。

たとえば、近所に荘厳な神社があれば、そこで行うのもよい。仏閣とか墓地とかでもよい。公園の片隅を選ぶことも悪くない。天気のよいときは、庭園の大木の根元を菩提樹下《ぼだいじゅげ》と心得て、瞑想するのも面白いだろうし、あるいは、まったく何もない所でもよい。やろうという気さえあれば、決して場所の不足に苦しむことは断じてない。

要するに、どこと限らないが、最初は、場所を一定にするのがよい。

黙思の場所の選択については、くれぐれも言っておきたいが、決して山林に退く必要はない。自分の職務や親戚《しんせき》・友人に何の差し支えもないなら、時々、世を離れることは望ましいと思う。ただ、黙思の目的を達するには、場所よりも、各自の心掛けのほうがはるかに大事である。

何を考えるべきか

黙思するというが、何を考えるのか。この疑問は必ず起こる。僕もまだ達した者ではないから明言しかねるが、修養者の参考のために、僕の思うことを述べてみよう。

黙思とはいえ、僕は、思考しないところに行きたいのである。黙思して、それで、ある難問題を解決しようとするのではない。瞑界に遊び、世間からまったく離れようとするのである。世間から離れて、言葉に言い表せないような境地に達し、その空気を呼吸することが、主旨である。換言すれば、神と交わることである。聖人のような心地となって、異なった社会で愉快に遊ぶのである。

黙思している人は、凡夫が見ると、普通の人と少しも変わったところがない。

しかし、黙思が進歩した人になると、見る人が見ると、おのずからほかの人と違う。彼の眼には一種の光が輝く。その人に近づくと一種の香りがする。僕はこの域に達したいと望むのである。

黙思しているとき、もし、ある考えが湧《わ》いたなら、すぐに振り払ってしまう。心を空しくして受け身にするのである。黙思とは、ちょうど、お宮の掃除をするようなもので、一切を掃《はら》い清めて、いつでも天神様《てんじんさま》なり、その他の神々を移すことができるようにするのである。すなわち、「善を思わず、悪も思わず」という境地に達することではないだろうか。

佐藤一斎《いっさい》先生の言葉に、「心の官は則《すなわ》ち思うなり。思うの字は只《た》だ是《こ》れ工夫の字のみ。思えば則ちいよいよ精明《せいめい》に、いよいよ篤実《とくじつ》なり。その篤実なるよりして之《これ》を行《こう》と謂《い》い、その精明なるよりして之を知と謂う。知行《ちこう》は一の思の字に帰す〔心の働きは、思うことである。思うとは、ただ工夫することである。思えば、なすべきことがますます詳しく明らかになり、ますます誠実に取り組むようになる。

誠実に取り組むことを『行』と言い、詳しく明らかであることを『知』と言う。知も行もともに『思』の一字に帰結する」(『言志四録《げんししろく》』)とある。

これより考えれば、黙思とは、ことさらにあれこれ思うことが目的ではなく、知行の原動力を養うことが、その意義であろう。僕は重ねて言うが、黙思について深く達した者ではない。ただ、日頃、思っていることを述べるだけである。

邪念が湧いても、構わずに続けよう

沈黙すると、最初はかえって邪念が起こりやすい。日頃、忙しさに紛れていたものが、新たに現れてくる。欲も出てくる。人に対する恨みや妬《ねた》みも起こるであろう。ほとんど忘れていた他人の言葉を思い出して、不快を感じることもある。それまでは多忙に紛れて潜んでいたものが、暇《ひま》に乗じて現れ、百鬼《ひゃっき》が入り込んでくる。これは、我々凡夫が常に経験するところである。

しかし、いかに邪念が起こっても、それに構わず、黙思を継続すべきである。そして、起こった邪念に対しては、「今は邪念を起こすときではない」と言い聞かせ、それを振り払う。

百鬼が幾度来訪しても、玄関払いを食らわす。彼らが何度来襲しても、来るたびに撃退すれば、ついには来なくなる。その間に習い性となり、最終的には、普段は邪念が起こっても、黙思のときだけは、邪念が消えてしまうようになる。

日に五分ずつでもよい。そうして、世俗の事柄から超然とした境地に遊ぶことができれば、その五分間だけでも、堯舜《ぎょうしゅん》〔いずれも古代中国の聖帝〕のような聖人となるのである。

「二四時間のうち五分間ばかりでは、何の効果もあるまい」と言う者がいるかもしれない。しかし、わずか五分間でも聖人となり、その時間が自分のものとなれば、それを延ばして、一〇分とも一五分とも次第に増加させることができる。そのように助長していけば、必ず聖人たる時間が長くなろう。最初の時間が五分だからといって、軽視する理由はない。

『聖書』の中に、「天国は木の種のごとし」というような言葉がある。種はいかに小形であっても、発芽して生長すれば、高い木となり、空を飛ぶ鳥も巣くうようになる。それと同じく、黙思も忘れずに助長していきさえすれば、いつか必ず立派なものになると信じる。

③ 黙思の効果

慣れてくると、反省の方法となる

沈黙を具体的に行うとき、おかしなこともあり、噴き出すこともあろう。最初の間は仕方がないが、少し慣れてくると、これは反省の方法となる。

すなわち、自分の非を明らかに見出し、忘れていた義務に注意し、怠ってはならないことを新たに悟ることもある。そのように、期待していなかったことが、瞑想の間に現れてくる。

多忙のために心の中に潜んでいたものが、黙思とともに外部の圧迫が取り去られると、それぞれ外に現れてくる。聞こうと思っていなかった声が、はるか彼方から降《くだ》ってくる。ホトトギスが告げたものか。身辺を見回しても、その姿が見えない。何が告げたのであろうかと疑う。自分でクヨクヨ想っていたことも、誰かが来て、洗ってくれる。天の使いが来て、拭《ぬぐ》ってくれる。そんな心地になる。

「忙しい人には難しい」と言うが、一日に五分くらいであれば、どんなに忙しいといっても、必ず時間の都合ができる。来客があったときでも、黙思の時間になったら、ちょっと御免こうむって、これをやる。小用を足すのと同じようなことである。

スイスの諺《ことわざ》に「言語は銀なり、沈黙は金《きん》なり〔Speech is silver, Silence is golden.〕」とある。学問も尊いが、黙思はさらに大切である。

動機が正しければ、恐れるものはない

明治一四年頃であった。北海道にバッタが非常に多く発生し、農作に害を与えたことがある。時の北海道長官は数万円の金を支出し、駆除を命じた。僕は学校を出たばかりで駆除係の役人となり、田んぼの間を歩いた。

バッタは群れをなして飛翔《ひしょう》する。何十億いるか、数が知れない。バッタの群れが飛んでくると、空が暗くなる。試しに棒を高く振り回すと、バッタに触れてバタバタと音がする。歩いていても、バッタの群れが顔にバタバタと当たる。子供には、そのために窒息した者さえいた。実に尋常ではない群れをなして、来たものである。

バッタは軟らかい地中を求めて産卵する。卵は一匹につき数百個という多さに達するから、放置すれば、翌年には孵化《うか》してさらに多くなり、さらに巨額の損害を与える。ゆえに、卵の間に早く採取し、翌年、孵化しないようにしなければならないのである。

僕は、このとき、こんなことを考えた。

バッタはなぜこうも残酷に人間から殺されるのであろうか。何も人間に憎まれ恨まれるために、生まれてくるのではあるまい。バッタはただ天職を全うしているのである。しかし、そのために、一匹につき何百という卵が、親子とともに人間に皆殺しされる。まことに不思議なことだ。

もし、殺されることを厭《いと》って天職を全うしなかったら、どうなるか。殺されもせず、一代を安全に送ることができる。そして、子孫も安全に繁殖することができる、と言いたいが、実際は子孫を残すことはできない。これに反して、天職を全うしようとしたなら、自分も子孫もすべて殺されてしまう。後に継ぐべきものも出ないであろう。

それと同じことで、〔人間も〕個人の安全を欲するなら、天職を全うしないことである。しかし、使命を有するのであれば、一身の安楽を顧みるべきではない。そう思って、天国の使命を全うする心さえ確かであれば、どんなことも行うことができる。少しも恐ろしいことはない。すなわち、動機さえ正しければ、個人としては、いかなることをしても顧みることはない。

「to do」よりも「to be」を重視したい

外部に現れることは歴史に残る。大事は言うまでもなく、普通に言う「人の能力」についても、外部に現れたことに基づいて判断するのである。

かつて伊藤〔博文《ひろぶみ》〕公爵と面会したとき、公が「人の才能を測る基準は仕事だ」と言われたことは、前にも述べた通りである〔『自分に克つための習慣』第一章参照）。ただ、僕の説は間違っているかもしれないが、仕事をすることよりも大切なことがあると思う。それは「仕事の動機」である。いかなる動機で仕事をするかということである。

以前、友人で、そうとうな地位にいる人が、僕に向かって、「人生の目的は何だと思うか」と聞いてきたことがある。僕は「在《あ》ること（to be）で、なすこと（to do）は第二義である」と答えた。友人は首を傾けて、しばらく沈思していたが、「ああ、そうか。これで初めて君の素行《そこう》が分かった」と言った。これは、僕があえて誇るのではない。むしろ僕の無能を自白することである。

to be と言えば、to be good、すなわち「善き人であれ」ということで、to do と言えば、to do good、すなわち「善を行え」ということである。前者は結果を生じないが、後者は結果を生じる。

たびたび引用するが、古歌に次のようなものがある。

映るとも月も思わず映すとも

水も思わぬ広沢《ひろさわ》の池

月は水に映ろうとして、映るのではない。水も月を映そうとして、流れているのではない。流れている間に、月が自然に映るのである。to be というのは、月が自然に水に映り、水が自然と月を宿すようなことである。

ゆえに、仕事の動機が、人を憎まず、人を羨《うらや》まず、人を害さず、また、名誉・利益のために焦らなければ、言い換えれば、動機が潔白であれば、そのときは何をしてもよい。恐れることはない。正しい動機から割り出してやったために、人の邪魔になってバッタのように殺されても、辱《はずかし》められても、差し支えない。これは、人間社会を基準にすれば、喜ばしくないことかもしれないが、「人間以上に見ているものがあろう」と思えば、少しも辛いことはない。

黙思の中で、動機を点検せよ

動機を正しくすることは、意志を発揮するにしても、学問をするにしても、人を救うにしても、一番の始まりとなる。そしてそれは、黙思の中ですべきであると思う。何かあることをする前に、「はたして、これは何のためにするのか。名利《みょうり》のためではないか」と思って、動機を正すのである。

名利の念は、人の心から離れがたい、人間の本能のようなものである。最初からそれを目的としなくても、知らず知らずの間に、名誉欲に駆られやすくなる。それゆえ、何事をするにしても、「待てよ。これは何のためにするのか」と、一歩退いて沈思黙考する必要がある。

青年が将来の目標を決めるに際しても、「これは名誉のためにするつもりか。金のためにするつもりか。はたまた人を羨み、人の向こうを張るつもりか」というように、どんな動機から出ているかを考える。

日々の小事についても、手を出す前に、同じく自分の心に質問し、「これは、他人に見せびらかすためではないか。褒められるためではないか。お礼を受けるつもりではないか」と、いちいち確かめることである。

そうしなければ、人間から切り離すことのできない第二の天性であるかのような「名誉心」「貪《むさぼ》りの心」に、自らの心が奪われてしまうことがある。

この危機に際して、自分の本心をよく守り、誘惑に陥らせないようにするものが、「黙思の力」である。断食して考える必要はない。斎戒沐浴《さいかいもくよく》しなければできないようなことでもない。ただ黙思し、それが一種の癖となって、いつでもできるように養成されたならば、仕事をするに先立って動機を正せるようになる。

第五章

休養の活用

①休養の心構え

休養とは、精神に変化を与えること

夏季は、人生において最も平静な季節である。学生は休暇である。こういう暇な時期を利用して、肉体的活力を養成するのが最も適当であると同時に、精神を休養することにも大いに励むべきであると思う。

世間には、休養と言うと、「使用せずに、ただ打ち捨てておくこと」というように理解している者がいるが、休養とは、そのようにすべてを打ち捨てて、何事もしないことではなく、「変化を与えること」であると思う。それまでやっていたことを変え、考えていたことを改め、それをもって心身の疲労を癒やすことである。

昔、グラッドストン〔イギリスの政治家〕は、七〇歳の高齢に達しても矍鑠《かくしゃく》として元気旺盛《おうせい》であったので、ある人が、翁に「どうしてそんなにお元気ですか」と問うと、翁はこう答えたという。

「ここに二頭の馬がいる。Aは、毎日、平地ばかり往来しているが、Bは、険しい山地を往来している。山道の馬は、毎日の往来に疲れるから早く病気になりそうなものだが、実際は、平地を往来している馬が、早く弱ってしまう。

平地を往来する馬は、毎日、同じ平らな道を歩くので、歩くときに用いる筋肉はわずか一部分で、その部分は非常によく発達するが、そのほかの部分は元のままである。すなわち、筋肉の発達が部分的である。ゆえに、早く弱り、病気に罹《かか》りやすい。これに反して、山道を往来する馬は、上るときと下るときでは、用いる筋肉の作用が違うので、すべての部分が円満に発達し、かえって健康であるという。

我が輩も政治にばかり携わっていたなら、これだけの元気を維持することはできなかったろうが、道楽にホーマー〔ホメロス。古代ギリシャの詩人〕を読んだために頭の作用が調和し、元気を維持したのである。しかし、もし、余がホーマーを研究するだけで政治に関わらなかったなら、とうていこれだけの元気を維持することはできなかったろうと思う」。

また、世界有数の天文学者であるニューカム氏も、かつて、「専門家は、自らの専門とはまったく関係のない学問も研究する必要がある」と演説していた。僕はそれを聞いたことがある。すなわち、趣味が多方面であることの必要を説いたわけで、現に、氏は天文学者でありながら経済学も研究し、その著述さえもできている。

北海道の宮部〔金吾〕博士も、月曜から土曜まで毎日研究室に入り、顕微鏡で微細なものを覗《のぞ》いているが、日曜日には必ず文学書を繙《ひもと》いている。僕がかつてそのことを話したとき、博士は「どうも、金、土曜日頃になると、腹が空いたような気持ちがして、文学書を読まずにいられない」と言っていた。

休養とは、このように場所を変え、境遇を変え、その思想を変えることであり、必ずしも道念《どうねん》〔求道心、向上心〕を動かすという意味ではない。

ゆえに、夏季の間は、肉体的活力を養成するとともに、精神の持ち方を心掛けることが必要である。「一日を海辺で過ごし、肉体の健康を養うとともに、広々とした海を見ては、偉大な思想を起こそう。晴天の夜、きらきらと輝く星を見ては、天空の宏大さを身にしみじみと感じよう。海を泳ぐにしても、直接間接に精神修養の材料としよう」という心掛けさえあれば、どのような事柄からも教訓を学ぶことができる。

② 集中力を鍛える三つの方法

休暇明けは、集中力を鍛える好機

夏と秋と行きかう空の通い路は
　かたへ涼しき風や吹くらん

〔過ぎゆく夏と訪れる秋が行き交う空の道では、片方にだけ涼しい風が吹いているのだろうか。『古今和歌集』凡河内躬恒《おおしこうちのみつね》〕

「暑い、暑い」と口癖のように言っていた夏も過ぎ、秋風がさっそうと吹く。萩の下露《したつゆ》も、さまざまな虫の音《ね》も、秋のあわれを誘うが、日中は残暑がなお激しい。夏と秋が行き交うようになると、何となく、この古歌が思い出される。

山間や水辺の村で暑を避けていた人々は、この頃からおいおい帰京して、職業に従事する。しかし、避暑地の感覚が残っていて、帰京してからも、心は依然として避暑地にある思いがする。

たとえば、学生が書物を読むにしても、あるいは、実業家その他がそれぞれの職業にあたるにしても、避暑当時のことがチラチラと頭に浮かんでくる。真面目に読書していても、避暑当時のおかしかったことを思い起こして微笑み、悲しいことに出くわしても、かえって楽しかったときのことを思い出す。

ちょうど、夏と秋が行き交い、暑さと涼しさが交わるように、休暇後のしばらくの間は、「職業に従事する真面目」と「楽しかった避暑地の行楽」とが頭の中に行き交っている。避暑を終えてまだ間もない頃は、やむをえないことである。

しかし、こういう時期は一年に一度しかない。もし、巧みにこの休暇後を利用できれば、最も有益に修養の材料とすることができると思う。

要するに、この時期は、集中力（コンセントレーション）の習慣を養成するのに、適当なときであると思う。僕自身も集中力に欠けている。欠けている僕には、こういうことを説く資格はないのであるが、矯正法については、少しながらも自分で経験したことがあるから、思うところを述べてみたい。

方法①――読書

第一は、「また来たな」と思う修養法である。

読書のとき、ほかの事柄は一切思わず、書物中のことのみに全力を注いで考えることは、集中力を養う一つの方法である。これは直接的な方法であり、そうとうに効果があると思う。

僕は、この点について多少試してみたことがある。学生を見ていると、一時間みっちりと書物を精読し、その間、少しもほかの念を交えないという者は、極めて稀《まれ》である。たいてい一時間以内に疲れてしまう。

また、僕自身の実験では、頭の調子が最もよく、気分が最も爽快《そうかい》なときには、四時間継続して、ぎっしり書物に向かったことがある。これは、頭の調子がすこぶるよかったときで、いわば極度に良好な場合である。これをもって、一般の例とすることはできない。普通は、恥ずかしいが二時間ぐらいである。

読書していると、書物以外の事柄がふわふわと浮かんでくる。晴天に一片の雲が現れるのと同じようなものである。

ゆえに、もし、読書中にほかの考えが浮かんだら、「また来たな」と思って、取り除くことに努めることである。そうして、書物以外の念を駆除することに努めれば、自然に書物に集中することとなり、一時間しか耐えられない者でも、二時間ぐらいまで進めることができると思う。

方法②——黙思《もくし》

第二に、「黙思《もくし》」という方法がある。読書のような、直接的な修養方法ではないが、同じく集中力を養う力がある。

すでに述べたように、黙思は、静かに座って思考するのであるから、たとえ肉の眼は閉じて万物を見ないにしても、心の中には万物が描き出される。

これに対して、読書は、目の前に書物を置き、眼はそれに向けられ、心もまた多くは書物に向かっている。そのため、書物以外の念が浮かぶにしても、黙思のようにまったく何も見ない場合と比べ、〔その頻度は〕著しく少ない。

ゆえに、黙思は、読書よりも集中力を養うのが困難である。しかし、困難とは言いながら、〔黙思のときに〕これを心掛け、もし、幾筋の魂の糸がありありと心に浮かんできたら、それを一つに束ね、散乱した精神を一つに帰するように努めるならば、集中力がおいおい養成される。

方法③——書写

第三に、「ある種の習慣を養成する」ということも、集中力を強める一つの方法である。「あまりに機械的で子供らしい」と笑う者がいるかもしれないが、僕は一つの方法として、これを青年に勧めたい。たとえば、書写をすることもよいのではないだろうか。

今日《こんにち》、印刷術が進歩したから、ことさら書写をする必要はないが、書写をすると、その間、精神が落ち着いて書写の一点に注がれるので、自然に集中力を養う効果があるであろう。

特に、手本を見て写すから、間違えるとすぐに分かる。間違うのは集中力が弱ったことを示すから、集中力の進歩の程度を見るのにも、すこぶる便利であろうと思う。もし、写す文章が古来の名文であったなら、名文を写すことに伴う利益もまた多大であろう。

書写というのは一例であり、気を落ち着けてする仕事なら、何事でもよかろうと思う。題を決めて、文章を起稿することでもよいと思う。

僕は在学中、数学が不得手《ふえて》であったが、幾何学だけはやや興味があった。そこで、以前、欧米から帰ったときなど、幾何学の書物を読み、まだどのくらい集中力があるかを試したことがある。

書写といい、文章といい、それは修養の手段にすぎない。ゆえに、僕は、これらの方法を各人に強いるつもりはない。僕の実験に基づいて例を示しただけなので、各人は、最も便利とする方法を用いて、集中力の習慣を養うのがよい。

第六章

計画を立てよう

①三カ月や一年計画を立てる

記念日には、新しい決心を起こそう

九月は、学生の学期も改まり（注10）、商人その他も避暑から帰り、新しい時期を計画するときである。ならば、この時期を利用し、新しい決心をすることもまた最も必要なことである。

我が国には、正月の三が日、桃の節句（3月3日）、端午の節句（5月5日）、その他いろいろな記念日があり、人は衣服を改め、家では心を込めたご馳走《ちそう》をつくり、楽しくその日を送ったものである。このときは、人心も何となしに改まり、新しい生命を吹き込まれるようである。

「こんなことは形式的である。つまらないことである」と一笑に付し去る者もいるが、しかし、時々、普段とは異なった生活をすることは、人生に変化を与え、命を与え、趣《おもむき》を与えるものである。僕は、迷信に溺れない限りは、一笑に付し去るべきものではないと思う。

人生は、川の流れと等しいものであろう。清い水が淵をなして漂い、藍《あい》色に染まって緩く流れていくが、滝に至れば、玉簾《たますだれ》を垂らしたように落ちた水は川底を突き、砂や泥が混ざって一時は濁ることもある。しかし、再び緩く流れる間に砂や泥は沈殿し、澄んだ清水となって淵となり、また滝となる。これが水の流れの自然である。

人生もまた、こういうものではないだろうか。流れる水は、ときに瀬となり滝となって激しく流れることがあるように、人生にも激烈な変化が生じることもあれば、水の流れが緩くなることもあるように、人生にも呑気《のんき》なところがなくてはならない。人生は、緩急があって初めて趣を生じるのである。

そうであるなら、三が日、桃の節句、端午の節句、重陽《ちょうよう》の節句〔9月9日〕等の記念日は一種の形式と言えばそうだが、迷信に陥らない限りはこれを保存し、国民は、このときを期して、こぞって新しい思想を起こすようにしたい。

社会がこぞって、これらの記念日に新しい思想を起こすのみならず、僕は、一個人もこうした記念日を定めて、新しい思想を起こすようにしたいと思う。個人の記念日としては、元日でも、誕生日でも、親の命日でもよい。ともかく自分にとって大切な、特別な日を決めて、新しい決心を起こすのがよいと思う。

学生であれば、来るべき学年には何をするか。一学年ではあまりに長すぎるなら、一学期にはいかなることを行うべきか。こうしたことを決めて、その実行を決意する。そうすれば、修養上、多大な効果がある。

（注10）明治時代、大学は9月から新学期が始まっていた。

計画を立てることのメリット

三カ月または一年の間になすべきことを計画しても、実行は計画と違うことがあるかもしれない。これは、もとより、やむをえないことである。しかし、計画通りに行えないにしても、計画を立てることによって受ける利益は多い。何らの計画も、目論見《もくろみ》もなく日を送ることに比べれば、まさること大である。

僕も、若いとき、予定計画を立てたことがある。正月の元日に一年の予定を考え、日記に「今年の何月何日には何をする。また、どういう所で、どういうことをする」というように記しておいた。

しかし、恥ずかしながら、予定した計画はなかなか実行できなかった。「母の命日にはどこで回顧する」とか「この夏はどこに行く」とかいうことを記しておいても、その頃になると、回顧するとか旅行するとかいうことは予定通りに行っても、学生の身の上では、思う通りにならない事情が起こって、予定の場所と異なることが少なくなかった。

僕はまた、「本年は、どのような書物を読むか。どのような論文を書くか」という一年の予定計画を、元日の日記に記しておく。さて、いよいよ年末になり、印を付けて実行の有無を見ると、実行されなかったものが多い。しかし、それでも計画を立てることによって受ける利益は少なくない。

学生の事情は簡単であるから、学生であれば、少なくとも向こう三カ月間、どのようなことに重きを置くべきかを計画し、それに基づいて実行を進めることはできるであろうと思う。

こうして一つの計画をつくり、それを遂行しようと決意することは、とりもなおさず、一つの理想をつくるということである。これは、よい意味の理想であると思う。〔計画通り〕実行されないまでも、それを目標として進むのがよい。かつ、折々にこの予定計画を見れば、「元日には、云々《うんぬん》のことをなすべきと決意したではないか。今のように怠惰に流れていては恥ずかしい。大いに奮闘しなければならない」という気になり、元日になした決意が鈍っていたときには、常に励まされ、刺激されるので、この点においても非常に利益がある。

もとより神ならぬ身である以上、十個の予定計画をそのまま行えるものではない。あるいは、全部行えないこともあるかもしれない。しかし、失望し、落胆する必要はない。繰り返し練習する間に、いつしか予定計画を実行できるようになる。

② 新年の迎え方

あっという間に過ぎていく一年

この年もまたいたずらに暮らし来て

春に逢《あ》わんと思わざりけり

これは、八田知紀《はったとものり》〔幕末・明治時代の歌人〕の作であるが、おそらく彼一人の述懐ではあるまい。数万の人も同じ思いを持って、新年を迎えるであろう。

実に「光陰《こういん》矢のごとし」「歳月流るるごとし」で、月日が経つのは早い。年末になって一年の過ごし方を眺めると、他人はいざ知らず、僕には限りない感慨がある。

朝、目が覚めて、「今日はこれこれの仕事をしよう」と数えて、床《とこ》から起きる。さて仕事に着手しようとすると、チリンチリンとベルが鳴り、客が来る。一番目に着手しようとした仕事が、これで妨げられる。食事の後にしようと思っていると、またチリンチリンと鳴る。半分やりかけた仕事をやり直している間に、電話がかかってくる。手紙が来る。こんなことをして、貴重な時間を何の仕事もせずに過ごしてしまう。

時間が来て、出勤する。また訪問者が詰めかけてくる。こうして時間が過ぎてしまう。計画通りに一日の仕事をしたことは、ただの一度もない。夜帰って床に就くのは、一一時か一二時頃になる。振り返って、「今日は一日、何をなしたであろう」と考えると、何事もない。一日をあくせくして暮らしているが、考えると、記憶しておくべきこと、日記に留めておくべきようなことは一つもない。

こんなことをして一日を暮らし、一週間を過ごし、その一週間が二週、三週となる。それが一カ月と続き、二月《ふたつき》三月《みつき》となり、積もって一年となり、その一年がまた二年三年となり、何事もせずに一生を暮らしてしまう。

僕は、このように一生を夢のごとく、はかなく暮らすのかと思うと、心外である。残念に堪《た》えない。ただ、自らを省みて、やや慰めとするのは、「自分は、他人に対して、不正なことはしなかった。人に危害を加えたことはなかった」ということであり、それが、ありがたいのみである。

しかし、人間が世に身を置いて、ただ「他人に危害を加えない。悪事をしない」というだけでは済まない。進んで善事を行い、人のため世のために努力すべきである。

友人に聞いてみても、同じようにして一年を暮らし、一生を送りつつある人が多い。読者の中にも、僕と同様の人が少なくないであろうと思う。これは、いかにも遺憾なことである。年が改まるとともに一考を要することである。

新年は、自分を新たにするチャンス

心を改め、処世の方法を新たにするのは、必ずしも正月元日に限らない。いつでもできる。それなら、特に正月に心を改めるというのは、迷信と言えば迷信であるかもしれないが、新しい年の初めに、新しい決心をするのは、何となく行いやすいからである。

「新玉《あらたま》の年《とし》立ち返る」（注11）というのは、改めるという意味を含んでいる。改めるというのは、年を改めるのではない。年は暦が変わるのみで、改めるのは各自の心のあり方である。

世界全体の人（太陰暦の国の人は別）は、この同じ日を選び、過ぎた年の不快を忘れ、古い帳面を棒引きし、人と人との関係を新たにすることを相談するかのようである。こんなときは一年に一回しかない。

もとより、各自が適当な日にその心を改め、「今日が自分にとって新年である」と言えば、言えないことはない。しかし、自分一人が「新年である」と叫んだとしても、他人が応じてくれなければ、心を改め、己を新たにすることは難しい。主人が笛を吹き、客が踊るというように相互が応じればこそ、世渡りがしやすくなる。

ゆえに、他人がみな心を改め、己を新たにしようとするときに、自分もまた心を改めるのが最も都合がよい。これが、我々が新年を期して、心を改めんとする所以《ゆえん》である。

いずれの国でも、大晦日と元日の間には何かの催しがあって、この日、人々は一種特別な心地がするものである。欧米には、大晦日の夜一二時、まさに新たな年に移ろうとするとき、大砲を発する所もある。教会で鐘をガンガン撞《つ》いて、旧年を捨てて新年を迎える風俗もある。ちょうど日本の「鬼は外、福は内」という習慣（注12）と同じようなものである。

特に、僕が最も麗《うるわ》しい習慣と感じたのは、大晦日の夜に会堂にて礼拝することである。午後一一時頃から信者が続々と教会に詰めかける。牧師は、時節に合わせて、「過去の過ちをクヨクヨと考えるな」とか、「来年は心を改めて、過ちを再びするな」とかいうことを説教する。

一二時の五分または一〇分くらい前になると、一同は跪《ひざまず》いて静粛になり、過ぎ去った罪を消し、新しき清き生涯に入ることを決意し、しばらく沈黙して瞑想する。このとき、満員の会堂はひっそりと静まり、人がいないかのようになる。そのうち、一二時の鐘が夜の静けさを破って、カーンカーンと響く。ちょうど心が改まるとともに、年が改まることになる。

いかにもドラマチックであるが、ただ賑《にぎ》やかに見せびらかしに行うものとは思えない。いわゆる群集心理的な作用のため、独り自分の部屋に閉じこもってはいられない衝動を受ける。僕も二、三回列席した経験がある。同じような志の人が大勢いて、「来年は何か新機軸を打ち出したい」と思っているのを見ると、自分も非常に心強く思うものである。

(注11)「一年が元に戻る」「新年を迎える」という意味。新玉は、年にかかる枕詞。
(注12) 旧暦では、節分の日は大晦日にあたり、かつて、豆まきは、新年を迎える行事として大晦日に行われていた。

新年の迎え方①——一年の出来事を振り返る

いろいろな方法があるであろうが、新年は、心を改めるのに最も都合のよいときである。僕は、自分で実行し、多少有益だったと思うこともあるので、例により、未熟ながら自らの経験を、僕より未熟な青年に告げたいと思う。

第一は、過去一年間の日記を見返すことである。これには三日ぐらいかかる。正月から一二月まで順次、各月の主な出来事は何であったかを書き抜き、一年の中で最も悲しかったこと、最も嬉しかったこと、長く記憶して有益になるようなことを選び出す。すなわち、過去を振り返るのである。

これは、下手にやると、不愉快なことを拾い出すことになるかもしれない。たとえば、誰と喧嘩《けんか》したとかいうようなことを拾い出すこともある。せっかく忘れようとしていたことが再発して、不穏な考えを起こし、場合によっては、人を恨むことになるかもしれない。

ゆえに、将来まで記憶して、役に立つような事柄を抜き出すように注意しなければならない。

また、自分で、感謝すべきことを指摘することも必要である。たとえば、友人が死んだとか、誰かがこういう不幸に遭ったとか、病気に罹《かか》ったとかいうことがあれば、「自分は彼ほどの善事を世に行わなかったのに、無事に生きている。病気に罹っても大事に至らなかった」と考える。そうすれば、自分は実に幸いであったことが分かり、感謝の念を捧げることができる。

日記の事項を拾い出すにあたっては、このように、感謝または勇気の念を強めるものを主としなければならない。

なかには、「自分には感謝することがない。本年は厄年で不愉快なことのみであった」という者もいる。しかし、これも、見方一つで十分に感謝すべき材料となる。「本年は厄年であったにもかかわらず、こうして生きていられる」と思えば、〈生きていること自体に〉十分に感謝できる。

また、厄年なるものも必ず善用できる。病気さえも絶対的に害悪ではない。ましてや厄年をや。どんなに真っ暗な年を過ごしても、その中に必ず光明がある。そして、闇が深ければ深いほど、光明はますます光り輝いて、その光を放つ。

たとえば、病に罹って一カ月、床に就いたとする。不幸のようであるが、病によっては、二カ月も三カ月も病床の人となることもある。それを思えば、一カ月で済んだのはありがたいことである。

指一本を怪我しても、世の中には腕の一本や二本を失う者もいる。指一本で済んだ自分は幸いである。あるいは、火事に遭っても、世間には、そのために妻子を失う者さえいる。家財の多くを焼失しても、一家は幸いにして無事であった。そう考えれば、災厄と思えることの中にも幸福がある。僕は、この幸福を拾い出して感謝の種子としたい。

また、一年を振り返り、辛いと思ったことがあっても、それは勇気を養う材料として役立てることができる。過去に辛いと思ったことを記憶しておけば、たとえ艱難《かんなん》に遭っても、「なに、これしきのこと。自分は前にもっと辛い目に遭っても切り抜けたではないか」と思え、挫《くじ》けそうになった勇気も奮起される。

目の前に一〇貫の荷物があっても、「自分は前に一二貫の重荷を負ったことがある」と思えば、それを負うことに少しも苦を感じないであろう。

一度の経験は自信を与える。ゆえに、たとえば、目の前に二〇貫という重さのものがあり、自分はいまだそれを担ったことがないとしても、すでに一度、一〇貫のものを担ったことがあるとすれば、「これはその倍にすぎない。少し力を入れれば担える」という勇気が加わってくる。

要するに、心の用い方一つで、憂いを転じて楽しみとなすことができる。災いを転じて福となすは、必ずしも英雄や聖人でなくてもできる。天は、決して我々に無意味な災いを与えない。決して我が力に耐えられないものを与えない。ちょうど手頃なものを与える。そう信じれば、心は安らかになる。

新年の迎え方②――人から受けた恩を思い出す

次に、一年間に会った恩人を回顧せよ。恩人だけでなく、初めて会った人もすべて考えるのがよいと思う。日記または名簿をつくり、「何日に、どこで、どんな人と会い、どのようなことを語ったか」ということを記入しておくのもよい。

恥ずかしながら、僕は、多忙で時間がないのと、地方に行くときは一度に大勢の人と会うので、いまだこれを実行することができない。しかし、これは行うとよいと思う。

すべての人に対して行うことができなければ、せめて、自分のために善事をなし、親切をしてくれた人だけに対してでもよい。すなわち、直接会った人はもちろん、たとえ会わなかった人でも、新聞・雑誌または書籍の上で会った人でも、必ずこれを思い出すようにしたい。「彼はこういうことを教えてくれた」「こういう親切を尽くしてくれた」「自分は彼の書でこういう慰めを得た」ということを追想し、深くその恩を胸に刻むように努めたい。

人の恩に対して感謝し、また、人に対して善を行うという修養は、この辺から始まるのである。

新年の迎え方③――一年間に犯した悪事を反省する

前に述べたことと矛盾するようであるが、しかし、決して矛盾しないことは、一年間に犯した悪事を挙げることである。

『論語』に「吾《われ》、日に三たび吾《わ》が身を省みる。人のために謀《はか》りて忠ならざるか。朋友《ほうゆう》と交わりて信ならざるか。習わざるを伝うるか（私は毎日三回、自らを反省する。人の相談に乗って誠意を尽くしたか。友人に誠実に接したか。習っていないことを教えなかったか）」とあるように、「あのときは悪かった。恥ずかしいことをした」と後悔したことがあれば、年末にはこれを数え上げ、「自分はこの点の修養に欠けている。来年は必ず改めよう」と決意するのである。

これは、度が過ぎると、自分の足らざるを苦にして、「自分はつまらない者である。生き甲斐《がい》がない」と言って、悲観的になる恐れがなきにしもあらずだが、こういう危険はかえって少ない。むしろ謙遜《けんそん》の念が強くなると思う。

元来、自惚《うぬぼ》れのない人間は少ない。自分のなしたことを悪いと思わず、立派なことと確信している。ゆえに、人から注意を受けることがあっても、相手が誤解していると思い、「自分が間違っていた」とはっきり言い切れる人は少ない。しかし、僕はそう言い切れるようになりたいのである。

こうなると、もはや、悔い改めているのに近い人である。ある学者が「懺悔《ざんげ》は人を高尚にする。懺悔すると罪が消えてしまう」と言ったが、事実そうである。人の悪口を言っても、のちに「悪かった」と懺悔して謝罪すれば、その人の心はいかにもサッパリとし、罪は消えたように思われる。

要するに、「年内に犯した悪事」あるいは「口にし、または考えたことでも、心を苦しめ、良心を責めたこと」は洗いざらい目の前に並べて一つひとつ点検し、軽重を量り、審判を下し、「来《きた》る年は、これを再びしない」と心に誓いたい。

新年の迎え方④——一年の目標を考える

以上、年末に際し、過去の一年を振り返る心掛けを述べたが、これは真の目的ではない。第二義のことである。ここから得た教訓を、新年の生活に応用することが最も大切である。年末に振り返るのは、新年には、人道の一里塚をより遠く進んだ生涯を送るための材料を得るためである。どんなに過去を振り返っても、過去の過ちを改めなければ、何の甲斐もない。

僕は、大晦日から元日にかけて、「来年は何をする」という決意を書き、実行を心掛けている。たとえば、次のようなことである。

・日記は怠らずその日その日に記入すること。
・手紙は受け取ったのち、何日以内に必ず返事をすること。
・本年はどのような書物を読むかということ。
・何々の書物は毎日必ず読むこと。
・何月にはどこに旅行し、何月にはどこで避暑するというようなこと。

・本年はどのような論文を書くかということ。

その他、何なりとも、各自、次の一年間に特に心掛けて行おうとすることを書きつけ、折々にそれを読み返し、その決意を固くするように心掛けることである。これは、日記の巻頭に書いてもよい。机の上の差し支えない所に、書いたものを貼っておくのもよい。手帳に控えておくのもよい。

そして、毎日一読するのが最もよいが、少なくとも、月の初めに一回は読まなければならない。毎日または毎月一回なりとも読み、「何々する」と書いてありながら、三カ月経っても四カ月経っても実行されないなら、自分で自分を責めて発奮するようになる。

実行への決意を固くする工夫

要するに、年の初めに、一年間に行うことの計画を立てることが大切である。

そして、これを行うにあたり、最も有益だと思うのは、そのうちの差し支えない部分を友人に告げ、「自分は、本年、これこれのことをするつもりである」という言質《げんち》を与えるのである。

もし、自分の行為がそれに反すれば、人からバカにされる種子をつくることになるので、多少の苦痛を忍んでも、言ったことを実行するようになる。すなわち、他人に与えた言質に責められて、実行することとなる。

心の中で決めたことを、何もかもすべて口外するのはよくないが、その中のあるものは友人に告げれば、ますますその決意を固くすることができると思う。「そんな卑怯《ひきょう》なことはない。自分のすることに、人の力を借りる必要はない」と非難し、いわゆる「無言実行」を主張する者もいる。口外しなくても実行できるなら、無論それはよいことである。

しかし、僕がたびたび言うように、ここで述べている対象は、聖人君子ではない。僕らと同じ凡夫を相手にしている。凡夫にとっては、こういう助けを受けて進んでいくのが、最も容易であると信じる。

僕が切に勧めたい「二つの決意」

決意の一つとして、切に勧めたいことがある。それは学生にも多少応用できるが、特に、実業に就く人々に肝要なことである。すなわち、月々、幾分なりとも貯蓄することである。これは心掛け一つで必ずできる。

このことは、友人なり、年長者なりに告げておくのがよい。いったんその決意を告げると、自分の言葉に対する責任上、貯金しなければ間が悪くなるので、その実行が刺激されるようになる。

また、学生は言うまでもなく、学問以外の職業に従事する人々も、新年とともに、「知識を得ることに努める」という決意をしてもらいたい。

かつて僕が某雑誌に英語を学ぶ心得を述べたとき、「一日に新しい言葉を三つずつ覚えるのがよい。一日に三つずつ覚えれば、一年では一〇〇〇以上を覚え、三年経てば三〇〇〇以上になる。三〇〇〇以上の言葉を知れば、たいていの書物や新聞が読める〔当時の話〕」と書いたことがある。

その後、二人の見知らぬ人から英語の手紙を受け取ったが、そこには「貴下《きか》より教えられました方法を実行しましたので、これだけになりました」と書いてあり、大いに喜んでいた。その文字も文章もなかなか見事なものであった。

これは現に僕が実践したことである。僕が初めてドイツ語を学んだとき、この方法を実行した。さまざまな言葉を紙切れに記入しておき、朝起きると、その中の三つを取り出して記憶する。一日中、時間さえあれば、これを繰り返し、いよいよ床に就くとき、「今日は何という言葉を記憶したか」を考える。忘れていたときには、明かりを消した後でも起き出て、再び点灯して見た。これは大いに利益があった。

もっとも、学問に従事していない人にとっては、一日に三語ずつ新たに記憶することは容易ではない。三語でなくとも、一日に一語でもよい。または一つの事柄でもよい。何であれ自分の知識の蓄えを増すことを心掛けたいのである。

丁稚小僧《でっちこぞう》であれば、手帳を控えていて、「今日は何の言葉を、または何の事柄を記憶する」というように、聞くに従って記入する。そして、暇があるごとにこれを繰り返して見れば、意外に多くの知識を加えることができる。最初は面倒と思うことも、慣れるに従い、大いに楽しみとなり、面白くなる。こうなると、もし覚え損なうことがあると、不快を感じるものである。

このように、一歩一歩少しずつ歩を進め、長い道中を立派に歩いていきたい。年の初めに、なすべきこと、知るべきことを数え上げ、片っ端から徐々に、しかも的確に、計画通り実行していきたいものである。

「もう一度やりたまえ」

新たな年を迎える心掛けとして、四、五カ条列挙したが、詳しく述べるならば、まだまだ言うべきことはあろう。ただ、委細のことは各自がそれぞれ熟考するのが至極当然であり、かつ適切である。僕が列記したものは例にすぎない。

新年を迎えるにあたり、新しい思想と新しい決意を起こしたという経験を有する人は多いだろう。その中には、「毎年、日記を書くことを始めて、毎年、全うしなかったし、その他いろいろな工夫を案出してはことごとく失敗したから、もう新たに始める勇気が出ない」と自暴自棄に傾いている人もいようが、こういう人に対して、僕は「もう一度やりたまえ」と絶叫したい。

一度倒れたら、一度起きればよいではないか。よいことは、三日坊主になっても、その影響は三日や三カ月にとどまらない。善事は、どんなに小さなことであっても、活力が潜んでいる。善事は、〔行った期間が〕どんなに短時間であっても、長く死んでいない。

ゆえに、善事は、どんなに小さなことでも、ちょっとの間でも、行うに越したことはない。新年の三日間でもよいから、心掛けを正しくしたい。

著者＝ 新渡戸 稲造（にとべ・いなぞう）
1862〜1933年。教育者、農政学者。現在の岩手県に生まれる。札幌農学校在学中にキリスト者となる。卒業後、アメリカとドイツに留学。帰国後、札幌農学校教授、京都帝国大学教授、第一高等学校校長、東京帝国大学教授、東京女子大学学長等を歴任。一貫して人格教育を重視した教育に情熱を注いだ。晩年は国際連盟事務次長、太平洋問題調査会理事長を務め、国際平和に尽力。主な著作は『武士道』『修養』『東西相触れて』など。

不動の自分になるための習慣

逆境をはね返し、順境に乗じる

2017年 7月26日 初版第1刷

著　者　新渡戸 稲造

発行者　佐藤 直史

発行所　幸福の科学出版株式会社

〒107-0052 東京都港区赤坂2丁目10番14号

TEL（03）5573-7700

https://www.irhpress.co.jp/

印刷・製本　中央精版印刷株式会社

落丁・乱丁本はおとりかえいたします

ISBN978-4-86395-926-2 C0030

新・教養の大陸

BOOKS

「教養の大陸」シリーズ
発刊に際して

21世紀を迎えた現在にあっても、思想やイデオロギーに基づく世界の紛争は深刻化し、収まる気配を見せない。しかし我々は、歴史の風雪に耐え、時代や地域を超えて愛される真の古典においては、人類を結びつける普遍的な「真理」が示されていると信ずる。

その真理とは、光の天使ともいうべき歴史上の偉人、あるいはそれに準ずる人々が連綿と紡ぎだし、個人の人格を高め、国家を繁栄させ、文明を興隆させる力となるものである。

世間で一定の権威を認められている作品であっても、もしそれが人間の魂を高尚にせず、国家を没落させるものであれば、やがてその価値を剥奪され、古典ではなく歴史資料でしかなくなるだろう。

今、大切なことは、はるかに広がる学問の世界の大地、「教養の大陸」を認識することである。真理を含んだ古典は人をこの教養の大陸へと誘《いざな》う。我々は、この意味における真の古典を厳選し、それを人類の知的遺産・精神的遺産として正しく後世に遺し、未来を担う青少年をはじめ、日本国民の魂の向上に資するため、真なる教養書として、ここに「教養の大陸」シリーズを発刊する。

2009年10月

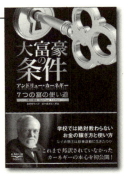

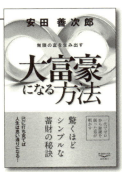

新・教養の大陸シリーズ

本多静六の努力論

人はなぜ働くのか

本多静六 著

日本最初の林学博士として、全国各地の水源林や防風林の整備、都市公園の設計改良など、明治から昭和にかけて多大な業績を残し、一介の大学教授でありながら、「四分の一貯金法」によって巨万の富を築いた本多静六。本書は、宇宙論から始まり、幸福論、仕事論、努力の大切さを述べた珠玉の書であり、370冊を超える著作のなかでも、本多思想の全体像をつかむ上で最適の一冊。

1,200円（税別）

江戸の霊界探訪録

「天狗少年寅吉」と
「前世の記憶を持つ少年勝五郎」

平田篤胤 著

加賀義＝現代語訳

文政年間の江戸で話題となった天狗少年・寅吉と、前世を記憶している少年・勝五郎を、国学者・平田篤胤が徹底調査した霊界研究書。臨死体験、死後の世界や生まれ変わりの状況から、異界（天狗・仙人界）探訪、月面探訪まで、今もインパクト十分な超常現象の記録が現代語訳化でよみがえる。江戸版「超常現象ファイル」ともいうべき書。

1,200円（税別）

人生に光を。心に糧を。

新・教養の大陸シリーズ

内村鑑三の伝道論

なぜ宗教が必要なのか

内村鑑三 著

1,200円（税別）

明治期に、教会のない人々の集まりとして、日本独特の無教会派キリスト教を始めた内村鑑三。その思想は、自ら創刊して主筆を執った雑誌「聖書之研究」などで数多く発表されており、本書は、そのなかから「伝道」についての論考だけを抽出し、まとめたもの。伝道師としての内村鑑三を知る貴重な文献であり、信仰心から来る伝道への熱い情熱があふれる隠れた名著である。

二宮尊徳に学ぶ成功哲学

富を生む勤勉の精神

幸田露伴 著

加賀義＝現代語訳

1,200円（税別）

薪を背負って歩きながら本を読む二宮金次郎。かつて全国の小学校の校庭に設置されていたこの金次郎像のイメージは、小説家・幸田露伴が書いた『二宮尊徳翁』（明治24年）から始まったといわれる。日本全国に金次郎ブームを巻き起こしたこの本を初めて現代語訳したものが本書である。ほかに自助努力について述べた随筆群も収録。